除《じょ》霊《れい》王《おう》

土御門《つちみかど》令月同《れつどう》
石井貴士 著

実業之日本社

除《じょ》霊《れい》王《おう》

共著者まえがき

作家　石井貴士

「除霊王」はこうして誕生した

土《つち》御《み》門《かど》令《れ》月《つ》同《どう》先生に初めてお会いしたときの衝撃は、今でも忘れません。

「職業は何ですか？」と伺ったところ、「除霊師です」とおっしゃったのです。

「え？　除霊師ですか。除霊師という職業は、毎日何をしているのですか？」

「先週は、広島のデパートに除霊に行っていました。今週は、ロンドンに出張です。修道院の除霊に行くことになっていて」

頭の中に「？？？」が浮かびました。「霊は本当にいるのですか？」といった疑問よりも、除霊師としての仕事の内容に興味を持ったのです。

「ホームページはあるのですか？　土御門先生のことをもっと知りたいのですが」

「いえ。アナログ人間なので、ホームページとかは作れないいんです」

「じゃあ、他のお客さんは、どうやって土御門先生と連絡をとるのですか？」

「ショートメールが入ります。こちらから営業をして『除霊いかがですか？』と聞くことはないですね」

「ちょ、ちょっと待ってください。では、ほとんどの人は、土御門先生を知ることもできなければ、除霊鑑定を受けることもできないのですか？」

「はい。でも、つねに二〇〇人くらいの固定客の方がいらっしゃるので。それだけで食べていけるので、このままでいいかなあと」

「何を言っているんですか。土御門先生は、土御門家の陰陽師なのですから、多くの人を救う使命があるはずです。本物の除霊師の方に、人生で出会える方も少ないはずです。ホームページは僕が作ります。本も一緒に書きます。多くの人に『除霊王』の世界を伝えましょう」

こうして土御門先生を説得してでき上がったのが、この本です。

土御門先生は、そもそも表に出る方ではありませんでした。除霊師はサポート役であって、主役ではないとの思いで、裏方に徹していました。

ですが私は、「土御門先生のことを知らない人がいるなんて、もったいない。ぜひ、みなさんにも土御門先生の世界を知ってほしい」と考えました。それで、この本を一緒に書くことにしたのです。


私は、桓武天皇の子孫で、長男、長男、長男……と続き、二六代目の長男です。

一方、土御門家は、平安時代の桓武天皇の時代から続く陰陽師の家系です。

こうした縁が重なったこともあって、土御門先生は「ついに出会ってしまった。もう一緒に仕事をするしかない」と感じてくださったそうです。霊界からも、私と本を書けと言われたとおっしゃっていました。

今までは、ほとんどの人が土御門先生の考えを知ることもできなければ、除霊鑑定を受けることもできませんでした。

ですが今では、私がホームページを作って、受付も私が経営する会社のスタッフが行なうことで、土御門先生と直接出会うチャンスを、あなたにご提供することができています。

ショートメールだけでは広がらなかった土御門先生の世界が、私が偶然にも天皇家の血筋だったことで、広く伝えることができるようになったのです。

この本を読んで、目に見えない世界である霊界について、正しい知識を身につけるとともに、「ああ、除霊師という職業が世の中には存在するんだなあ」と思っていただけたらと思います。

しかし、本を読んだだけでは人生は変わりません。

実際に土御門先生にお会いしてこそ、人生は変わります。

陰陽師の家系に生まれた土御門先生が、あなたの人生をサポートする役割ならば、私は天皇家の血筋に生まれた者として、「あなたと、あなたの人生をサポートする土御門先生をつなぐ架け橋になる」というのが使命です。

あなたの人生が好転するために、土御門先生の素晴らしさを、これからもお伝えしていきたいと考えています。

そして、この本を通じて、あなたとご縁ができたらと願っています。

CONTENTS/目次

Chapter 1

そもそも「除霊」って何？

Chapter 2

霊についての「8つの誤解」

Chapter 3 なぜ私は「除霊師」になったのか

Chapter 4
「善霊」に好かれる人、「悪霊」に好かれる人

Chapter 7

私の記憶に残る「除霊エピソード」ベスト7

Chapter 8

「Q&A」よく聞かれる質問ベスト10

はじめに

ようこそ、「除霊王」の世界へ

「肩が重いです。霊が憑《つ》いているはずなので、今すぐ除霊してください」
「最近、デパートの売上が落ちたので、除霊をお願いします」

こうした依頼にお応えするのが、私の仕事です。
そう。

私の職業は、「除霊師」なのです。

初めてお会いした方からは、「除霊師という職業が、本当に存在するんですね」といつも言われます。
私は陰陽師《おんみょうじ》の家系に生まれ、赤ん坊のときから、霊と対話をするのが日常でした。

霊の見えない世界で生きていらっしゃる方からすると、非日常だと思われるかもしれませんが、私にとっては、霊と対話をしない日のほうが非日常です。

札幌で生まれ育った私ですが、最近は、新潟、千葉、東京、広島、福岡、さらには海外からも除霊の依頼が舞い込みます。先日も、ロンドンに出向いて、除霊をしてきました。

日本だけではなく、世界中で除霊を行なっていることから、**いつしか「除霊王」と呼ばれるようになりました**。

除霊師として二〇年以上活動していますが、「除霊師の土御門先生ですか？」と言われるよりも、「あの、除霊王の土御門先生ですか？」と言われることが多くなりました。もちろん、私自身は自分のことを「王」などと思ってはいません。しかし、皆さんがそのように呼んでくださるのであれば、その名に恥じない精進《しょうじん》を続けなくては、と日々過ごしています。

書店に並んでいる本の九九パーセントは、当然ですが、霊が見えない方によって書かれたものです。

そんな中、私は「なぜ、霊が見える作者によって書かれた本が、書店にないのだろう。霊が見える作者の本があればいいのに」と常々考えていました。

そこで出版社からの依頼もあり、ついに完成したのがこの本なのです。

霊は本当にいるのか？

私が「除霊王」と呼ばれているのを知ると、多くの方から、いろいろな質問をいただきます。

なかでも、一番多いのは「霊は本当にいるのですか？」という質問です。

先ほど申し上げたように、私は陰陽師の家系ということもあって、赤ん坊のときから霊と話をしていました。

人間よりも先に、霊と話をしていたのです。

なので、「霊はいるのですか？」と聞かれても、いつもそばにいて、日常になりすぎているので、ピンと来ないのが正直なところです。

いるかいないかと言われたら、霊はいます。

ただ、多くの方にとっては、霊と波長を合わせることができないために、目に見えないだけなのです。

除霊師は、霊と対話ができないと仕事になりませんので、霊が見えるのが当たり前です。

美容師の方がハサミを使えないと仕事にならないのと同じくらい、仕事にしている以上、霊が見えて当然なのが除霊師の世界なのです。

「見えるのであれば、どんな姿なのか教えてほしい」という方も多いので、ご説明します。

一般的には、顔があり、洋服も着ています。色もついています。

カラフルな姿で見えるのが普通です。

平安時代などの古い時代の霊は、白黒で見えます。

この世に執着している場合は、表情があり、怒り、悲しみ、憎しみに満ちた顔が見えます。

霊格の高い、神霊《しんれい》（神さまの霊）の場合は、球体の形をしていることが一番多く、多面体（正二〇面体、正六面体、正五面体）の形をしていることもあります。

霊は、あなたのすぐそばに、本当に存在しているのです。

霊には「足」がある

「足はあるのですか？」というのも多い質問ですが、**日本人の場合は、足が見えづらいことが多い**です。

足がないのではなく、「足が見えづらい」のが正解です。

中国など、東洋の霊は、足が見えづらいです。

一方、イギリスなどの西洋の霊は、バッチリ足があります。

「足があるのであれば、歩けるのですか？」という質問もいただいたことがあります。

スゥーッと、そのまま移動するのが霊の移動の仕方です。

霊本人は、足を使って移動しているつもりなのですが、足はバタバタ動いたりせずに移動します。

長距離の移動は、時間がかかります。霊は徒歩と同じスピードでしか動けないからです。

霊は、車に乗って移動することはできません。

ですが、物体にとり憑くことは可能なので、車にとり憑いている霊であれば、車ごと移動が可能です。事故車に霊がとり憑いている場合は、とても多いです。

ちなみに、**霊格が高い霊だけは、瞬間移動が可能**です。ですから、「瞬間移動ができる悪霊」は存在しないことになります。

悪霊は霊格が低い霊がなるものだからです。

力が強い悪霊は存在しますが、霊格が高い悪霊は存在しないのです。

霊の移動方法は基本的に、

①徒歩の速度で移動する

②とり憑いている人・モノと一緒に移動する

のどちらかしかないのです。

霊は「モノ」や「場所」にも憑く

霊がとり憑くというと、人間にとり憑くと思いがちです。実際には、モノにも霊は憑きます。

自動車事故で亡くなった方の霊が、自動車に憑くことはよくあります。

一番多いのは「楽器」です。

日本では鼓《つづみ》、琵琶《びわ》。外国ではバイオリン、チェロ、ピアノに霊が憑いているケースが多いです。

特に**高価なバイオリンには、たいていの場合、霊が憑いています**。

バイオリンは、奏者を選ぶ楽器なのです。

何億円もするストラディバリウスには、ほぼすべてに霊がとり憑いています。

次の奏者（持ち主）を霊が選ぶので、たとえお金を持っていても、買えないようになっていると言われています。お金があっても、買う気を起こさせないように霊がするわけです。

この霊の正体は、かつての所有者で、亡くなったトップクラスのバイオリン奏者です。

絵のコレクターはたくさんいても、楽器のコレクターが少ないのは、このためなのです。

人・モノだけではなく、場所にも霊は憑きます。

「地縛霊《じばくれい》」という言葉は聞いたことがあると思いますが、その場所から「動けない」霊のことです。

その場所から動かないのではなく、動けない。

「地縛霊」は、「自縛霊《じばくれい》」なのです。

土地が縛っているのではなく、その霊自身が、そこから動くことを許さないのが「地縛霊」です。

「地縛霊」で一番多いのが、事故死の場合です。

二番目に多いのが自死の場合です。

それとは別に、戦国時代（安土桃山時代など）の古戦場では、そこで亡くなった地縛霊が数百名もいる場合が多くあります（一番多いのが、戦国時代の霊です）。

戦国時代よりも古い、五〇〇年以上前の地縛霊になると、時代が古すぎて、ほとんどの霊能者は波長を合わせることができず、見ることもできません。

そこで、「除霊王の出番だ」ということで、私が呼ばれるわけです。

以前、「徳島の平家の古戦場に行って、霊を鎮《しず》めてくれ」という依頼がありました。

特に古い戦場で亡くなった武士の霊と話すときには、まず、名乗りを上げなければいけません。

霊から、「誰だお前は！」と言われるところから、除霊が始まります。

「陰陽師の末裔《まつえい》、土御門である」と名乗ると、「そうか。わかった。話を聞こう」ということになり、対話が成立して、成仏していただくわけです。

霊には、移動できる霊もいれば、移動できずに、同じ場所に何百年も留まっている霊もいるのです。

「除霊」のすべてがこの一冊でわかる

この本では、除霊師が普段、どのような仕事をしているのかということや、セルフ除霊の仕方など、私が持っている知識を余すところなく、お伝えしていきます。

このあと詳しく述べますが、霊にはよい霊と悪い霊がおり、悪い霊を人・モノから引き剥《は》がすことが除霊の目的です。

「除霊」というと一見、「怖い」と思う方もいるかもしれません。ですが、除霊は怖いものではありません。

逆に、**除霊を知らない方のほうが、人生で怖い目にあうかもしれません**。霊にとり憑かれているせいで結婚できない女性も多いですし、霊のせいで頑張っても人生がうまくいかない方もいらっしゃるからです。

この本は、次のような方のために、書きました。

・自分には問題がないはずなのに、なぜか結婚できない
・頑張っているのに、結果が出ない
・家族に、運が悪い人がいる
・目に見えない力に翻弄《ほんろう》されているに違いない

という方。また、

・もっとお金を稼ぎたい社長さん
・目に見えない力を味方につけて、成功したいと考えている男性
・幸せになりたいと願っている女性

そんなあなたのための本が、この本です。

目に見えない世界を書き換えることで、現実の世界が書き換えられます。

一度きりの人生で、現実社会のあなたを幸せにするために、目に見えない世界のことを知る必要があります。

あなたの幸せは、目に見えない世界を書き換えることで、訪れるのです。

序章

これが「除霊師」の仕事だ！

除霊で売上がアップする

「除霊王」というと、個人の方に憑いている霊を、祓《はら》っていると思われがちです。

ですが、実際のところは個人の方への「除霊鑑定」が半分で、**残りの半分は法人向けの除霊**です。

会社そのものに霊がとり憑いているわけではありません。

会社の社長さんから、除霊を依頼されるケースが多いということです。

社長さんは、ライバル会社の社長から恨まれていることがあります。

恨みの念を飛ばされたことで、売上が下がっている場合もあります。

また、お客さんの中に、霊にとり憑かれている人がいて、その人の霊が社員の方にとり憑いてしまったということも非常に多いです。

会社のオフィスに邪気がたまり、売上が停滞することもあります。

オフィスを除霊することで、売上が戻ってくることは、日常茶飯事です。

霊は普通の人の目には見えませんが、売上は目に見えます。

目に見える結果が一番出やすいのが「会社」なので、社長さんからの除霊依頼は、とても多いのです。

デパートには霊がたまりやすい

デパートからの除霊依頼も、とても多いです。

デパートは、多くのお客さんが毎日訪れるので、霊が滞留《たいりゅう》しやすい空間です。「売上が落ちてきたな」と思うと、霊がうようよしていることが原因であることがあります。

そこで、一フロアごとに除霊を行ないます。

一フロアごととはいえ、そのフロアにいる霊、一体一体に話しかけ、成仏させる必要があります。

エイッと、何十体もの霊を一瞬で除霊するわけではありません。

人間が一人一人悩みが違うのと同様、霊もそれぞれ、「なぜ、そのデパートに滞留してしまったのか」という理由が違います。

一体一体、説得して除霊をしていきます。

あるフロアには三〇体の霊がいて、別のフロアには一体しか霊がいないのであれば、本来は三〇倍の料金になるはずですが、一フロアいくらと、フロアごとの価格設定にしています。

もちろん、簡単に成仏してくれる霊もいれば、なかなか成仏してくれない手強い霊もいるのですが、フロアごとの料金としています。

霊は、多くの方にとって目に見えないので、価格設定が難しかったのですが、最近は、一フロアいくらで統一しています（面積にもよりますが）。

実際に、**除霊をしたフロアと、除霊をしていないフロアだと、明らかに売上が変わります**。

とはいえ、一度除霊をしたからといって、二度と霊が来なくなることはありません。二年くらい経過すると、また売上が落ちてくるので、また呼んでいただいて除霊をします。

霊は目に見えなくても、売上は目に見えるので、除霊師という仕事が成り立っているのです。

「地場の除霊」が除霊の王道

除霊の王道と言えば、「地場の除霊」です。

土地を除霊して、そこにマンションを建てたり、一戸建てを建てたりします。

もし、**地縛霊がいる土地に建物を立ててしまうと、そこに住んだ方の調子が悪くなります**。

デパートなどのお店も、浄化された土地に立てたほうが、売上が上がることは明らかです。

多くの除霊師のメインの仕事が、「地場の除霊」です。

不動産屋さんからの依頼で、ある程度のお金にもなるので、暮らしていけるわけです。

土地そのものだけでなく、敷地内にある「モノ」に対する依頼もあります。

印象に残っているのは、「直径三メートル、三〇トンの石を除霊してくれ」というものでした。

しかも、その石が三〇個あったのです。

土地の持ち主が霊能者の方で、「自分の手に負えないのでお願いしたい」という依頼でした。

石を除霊できる除霊師は、日本でもほとんどいないと言われているので、私が除霊をすることになったわけです。

三〇個の石すべてに霊が憑いていたので、一個一個祓いました。

ものすごくハードな仕事で、二日もかかりました。

石は、人間や土（土地）よりも霊術が効きにくい（気が通りづらい）ので、体力も使い、大変です。

ですから、石の除霊をする除霊師は、ほとんどいないのです。私も体力を消耗するので受けたくないのですが、他にやる方がいないので、仕方なく受けた次第でした。

霊はマンションよりアパートが好きだ

アパートは、霊がたまりやすいです。

木造のほうが霊がつきやすい、ということではありません。木造でも鉄骨でも、霊は存在し続けます。

築年数が古い、浅いも関係ありません。

しかし、私が依頼されるケースは、**マンションよりもアパートのほうが圧倒的に多い**です。

餓死された場合は、地縛霊にはほぼなりません。一〇〇パーセントではありませんが、聞いたことはありません。

地縛霊になりやすいのは、自死の場合や、他殺の場合です。

そのままですと「事故物件」なので入居率は悪く、たとえ入居しても居心地が悪く、すぐに引っ越してしまいます。

そこで、除霊をして完全に霊がいない状態にすると、「入居したが気持ちが悪いので引っ越したい」というケースが、ほとんどなくなるのです。

リフォームにお金をかけるよりも、除霊にお金をかけたほうが入居率が上がるので、不動産会社の方からの依頼は多いのです。

個人の方の場合は、一度お会いした方には、「遠隔除霊」を行なうケースもあります。

しかし、土地や建物は「遠隔除霊」ができません。

その場所にとどまっている地縛霊を清めるわけですから、私が出張する以外に方法がありません。

なので、今日は新潟、明日は広島といった具合に、全国を飛び回っているのです。

「除霊鑑定」で人生は変わる

個人の方に対しては、「除霊鑑定」を行なっています。

「除霊鑑定」は、新規の方よりも、リピーターの方が多いです。

「墓地のそばを歩いたら、もらってしまった。左手が痺《しび》れて動かなくなった」といった霊媒体質の方は、他になかなか祓える方がいないので、年に何度もいらしていただきます。

「突然、身体が重くなり、病院に行っても原因がわからない。きっと霊障（霊による病気）に違いない」といった方も多いです。

もちろん、霊視占い師と同様、霊視リーディングもできますので、「運勢を教えてほしい」「この人と結婚していいですか」「今後の仕事はどうなりますか」といったご相談をされる方が、除霊鑑定を受ける方の八割くらいを占めています。

霊視占い師の方は、「将来はこうなります」という未来予知がメインです。的中率が高い方はいらっしゃると思いますが、その後の運勢を変えることまでは、専門ではない方が多いです。

しかし、私の場合は、**未来予知だけではなく、除霊を行なったり、守護霊にお願いして運命を好転してもらう**ところまで行なっています。専門が除霊だからこそ、こんなことまで可能なのです。

そのため、おかげさまで何年もリピートしていただいている方が多いという状況です。

日本全国、各地を飛び回って除霊をし、ときには海外にも行き、法人・個人の方の運気をガラリと好転させるのが、「除霊王」の日常なのです。

Chapter 1

そもそも「除霊」って何？

「除霊」と「浄霊」は違う

まず、改めて「除霊とは何か」という定義を申し上げますと、「霊を人・モノから引き剥がす」ことを言います。

除霊と似た言葉で、「浄霊《じょうれい》」というものがあります。

浄霊は、「霊を清め、霊界に送り届ける」ことを言います。

除霊をしたあとに、引き剥がした霊に対して行なうのが浄霊です。

浄霊は、除霊のあとに必ず行なうべきなのかというと、そうではありません。

霊は、体・モノから引き剥がして、人間界に浮遊させておくのが自然な形です。

なので、人間の判断で、人為的に浄霊をすべきではないのです。

浄霊をする前には、霊界に判断を仰ぎ、「霊をそちらに送ってもいいですか？」と聞いて、許可を得てから霊界に送るのが通例です。

本来、霊界のルールでは、「霊は、人・モノにとり憑いてはいけない。浮遊し続けるのが霊のあるべき姿だ」と定められています。

なので、霊界の立場からすれば、人・モノにとり憑いた霊は、ルール違反をしているので、罰則を与えられて然《しか》るべき存在なのです。除霊と浄霊は、似たようなものだと思っている人が多いのですが、まったく違います。

除霊が先にあって、そのあとで、浄霊をするケースは一〇パーセント程度です。九〇パーセントの霊に関しては、**そのままにしておくことが「除霊」**なのです。

「お祓い」も除霊とは違う

「お祓いと除霊は、どう違うんですか?」というのも、よく聞かれる質問です。

お祓いで一番有名なのは、「厄祓《やくばら》い」です。神社でしていただけます。

わかりやすく言うと、

・除霊……霊を祓う
・お祓い……霊以外を祓う

となります。

呪詛《じゅそ》（呪い）を祓うのは、お祓いであって、除霊ではありません。

相手が霊ではないと、除霊はできないのです。


まぎらわしい理由は、「除霊師と名乗っている以上、当たり前のようにお祓いもできて当然」だからです。


私も、当然ではありますが、お祓いができます。

依頼者に霊が憑いている場合は除霊をし、**呪詛をかけられている場合は、呪いを断ち切る**ことができます。

除霊は、相手が霊のときにのみ、行なう作業なのです。

霊には「生き霊」と「死霊」がいる

霊には、二種類あります。

「生き霊《りょう》」と「死霊《しりょう》」です。

生き霊は、生きている人の霊です。

なので、本体は、現在生きている人間です。

生き霊が憑いている場合は、「お祓い」をします。

除霊は、死霊に対して行なうものであって、生き霊に対しては、行なえないのです。

死霊は、その名の通り、すでに亡くなっている方の霊です。

五〇〇年前に亡くなっていても、一〇年前に亡くなっていても死霊です。


生き霊と死霊の見分け方は、「シルバーコードがあるかどうか」です。

シルバーコードとは、霊から本体の人間につながっている、細いコードのことです。

シルバーコードがついていない生き霊は、存在しません。

一瞬、わからなかったとしても、よくよく見ると、必ずあります。

生き霊と死霊は、それ以外の見た目にはあまり差がありません。色があるのも一緒です。

存在している霊の**「七〇パーセントが死霊、三〇パーセントが生き霊」**というのが、私の肌感覚です。

たとえば、通勤電車で座っている生き霊もいます。本人は、交通事故で入院をして、ベッドに寝ているのですが、通勤していると思い込んでいるのです。

また、家で家事をし続けている生き霊もいます。本人は、病院で寝ているのですが、孫が心配で家事をしているわけです。

生き霊というと、悪い生き霊だけだと思いがちですが、すべてが悪い生き霊というわけでもないのです。

「生き霊」は女性が八〇パーセント

生き霊は、女性が八〇パーセントです。

なぜ女性が多いのかというと、女性は思っていることを口に出さずに、内に秘める傾向があるからです。

言葉で言えずに、相手への嫉妬を飲み込んだりすると、魂がそれを解消しようとして、相手にとり憑くことになるわけです。

女性の生き霊は、女性にとり憑くケースが六〇パーセント、男性にとり憑くケースが四〇パーセントです。

意外と思われるかもしれませんが、**ママ友に対する嫉妬で、ママ友にとり憑くケースがとても多い**です。

自分よりも裕福で幸せに見えるママ友に対して、嫉妬の生き霊が憑きます。

生き霊というと、独身女性が別れた男性にとり憑くイメージが強いかもしれませんが、既婚女性がママ友にとり憑くのが最近の傾向です。

生き霊は祓っても、また舞い戻ってくるケースがあります。

外したあとに、生き霊祓いのお札《ふだ》を持つことで、少しは効果がありますが、それでも相手が生きているために、戻ってきてしまうのです。

根本解決としては、**身体を鍛えて身体を強くすること**です。

マッチョの人が怖いお兄さんに絡《から》まれづらくなるのと同じで、強い者には、霊もとり憑きづらくなるのです。

相手は生きているのですから、こちらが人間として肉体的に強くなることが、一番の生き霊に対する解決策なのです。

何でも「霊のせい」にしてはいけない

「最近、運が悪いので、除霊をしてください」という依頼もよくあります。

霊が原因で運が悪くなっている場合は除霊できますが、悪い霊が憑いていないのに運が悪い場合は、霊が原因ではないので、除霊できません。

霊が憑いていないのに、「除霊をしてくれ」という依頼は、とても多いです。

「あなたに悪い霊は憑いていません。だから除霊はできません」と言っても、「いや、そんなことはない。この運の悪さは、霊が憑いているとしか考えられない」と言われてしまうのです。

霊が見える私が憑いていないと言うのですから、本当に憑いていないのです。

なのに、**自分の努力不足のせいではなく、霊のせいにしたい方がいらっしゃいます**。

例えていえば、勉強していなかったことが原因で、東大に合格できなかったのに、霊の仕業《しわざ》だと言いたいわけです。

誰がどう見ても不潔で、汚い格好をしている男性から、「モテないんです。霊のせいでしょうか」という相談もありました。

これは、まず清潔にしていただかないと、女性にモテるはずがないので、霊とは関係ありません。

髪の毛がボサボサで、明らかに性格が悪そうな女性に、「結婚できないのは、何か悪い霊が憑いているからだ」と文句を言われても、霊の仕業ではないのです。

お金持ちで性格も素晴らしい男性が結婚できなかったり、性格が明るくて素敵な女性が結婚できなかったりしたら、霊が憑いているか、嫉妬で生き霊が憑いているか、呪詛をかけられている場合はよくあります。

「毎日こんなに頑張っているのに成功できない」という方の場合も、霊が憑いているケースがあります。

霊が原因で上手くいっていない場合のみ、除霊で開運することができるのです。

突然の病気や不運は「霊障」を疑ってみる

「突然、原因不明の高熱が出て、いくつも病院に行ったが、医師の診断がつかず原因がわからない」という方がいます。その場合は、霊障を疑うべきです。

霊障とは、「霊がとり憑いたことによって肉体（もしくは精神）に障害が起きる」ことを言います。症状としては、原因不明の高熱、手足のしびれ、耳鳴り、だるさといったものがあります。

見た目としてわかりやすいのは、目つきの変化です。明らかに目つきが変わったときは、霊障を疑ってしかるべきです。

霊障になると、病気だけでなく、事故・トラブルに巻き込まれることもあります。

霊障は、除霊をすることで治ります。効果的な方法は、次の二つです。

①除霊師に除霊をしてもらう

②神社に行って、お祓いをしてもらう

本来、霊に対しては除霊が効き、お祓いは効かないのですが、神社でのお祓いは効果があります。

というのも、神社には神さまがいるので、バチを当てられるのではないかと、霊が勝手に去っていく場合が多いのです。

泥棒が交番の前を避けるのと同じ原理です。

霊も、神さまがいる場所、「神域」は怖いのです。

お祓いで霊がいなくなるというより、「神域」でお祓いをすると霊が去っていくのです。

「貧乏」も霊障だ

「お金がない」という悩みも、霊障の場合が多いです。

お医者さんに行って、「すみません。お金がないのですが、何の病気でしょうか？」と聞く人はいません。

ですが、何も悪いことをしていないのに、あるいはきちんと努力しているのに、お金がなくて困っている方の場合、霊障が原因であることはとても多いのです。

あなたがお客さんでも、霊が憑いている営業マンからはモノを買いたくないと思うはずですし、レストランのウェイターに霊が憑いていたら、何も頼みたくなくなるはずです。

霊が憑いているおかげで、仕事の依頼がなくなったり、大きな仕事に抜擢《ばってき》されなかったり、会社を解雇されたりすることは、実に多いです。

なので、**「貧乏は霊障である」**というのが私の考え方です。

私のもとには、「売上が下がった。どうしよう。このままだと会社が潰れてしまう」という社長さんがよく訪れます。

会社の社長さんは、ライバル会社からの恨み、社員からの恨みを買いやすいので、霊が憑くことが多いです。

社長個人への恨みはないけれども、「あのライバル会社さえなくなればいいのに」という嫉妬の霊が、社長に憑くこともあります。

社長は清廉潔白で人格者で、社員からも好かれているのに、売上が落ちるのは、このためです。

本来であれば成功しておかしくないわけですから、**会社の売上が落ちるのも霊障**なのです。

全国から「感動の声」が続々！ ①

私が不安に思っている内容についてもビシバシ当てられ、**「こうしたら解決できるよ」と、解決方法まで教えていただきました。**さらに幼少期の親子関係なども、ドンピシャで当てられて、びっくり！　私のすぐ後ろにいた、ご先祖さまの守護霊とお話しされていたので、当たり前ではありますが……。除霊鑑定のおかげで、不安や迷いが一気に消え去りました。ぜひ今後も、除霊鑑定をお願いしたいです。

（福本春江さん・福岡県）

「人生、なぜか思い通りにいかない。こんなはずではない！」と思い、除霊鑑定を受けました。「なぜ、そうなっているのか？」「いつ頃までにどうなるか？」といった具体的な話をしてくださり、**まわりからは「以前とは別人のように明るくなった」と言われました。**本当にありがとうございます！　除霊鑑定、すごすぎました！

（山崎リョウさん・宮城県）

Chapter 2

霊についての「8つの誤解」

この章では、多くの皆さんが霊について誤解している8つの代表的な事柄について、〇×方式で説明していきます。霊の正しい知識を得ていただくことで、除霊についての理解も深まっていくはずです。

×霊は怖い
〇危害を加える霊と、脅かすだけの霊がいる

皆さんは、霊は怖いものだと思っているかもしれません。

ですが、私のように毎日霊と対話をしていると、霊に対して「怖い」という感覚はなくなります。

霊には、**危害を加える霊と、脅かすだけの霊の二種類がいます**。

脅かすだけの霊には、害はありません。ただ、そこにいるだけです。

厄介なのは、人間に危害を加える霊です。

どんな危害を加えるのかというと、病気にさせようとしたり、事故に遭わせようと

したりします。

貧乏にさせようとすることもあれば、素敵な恋人ができないようにする霊もいます。

直接、あなたに物理的な攻撃を加えてくるのではなく、大切な人との縁を切ろうとしたり、不幸にさせようとしたり、いわば四次元的な攻撃を仕掛けてくるのです。

たとえ血まみれの霊であっても、危害を加える霊もいれば、脅かすだけの霊もいます。見た目だけで怖い、怖くないという判断はできません。

危害を加える霊は、除霊する必要がありますが、**脅かすだけの霊に関しては、除霊する必要はありません。**

除霊師の仕事は、あなたに危害を加える霊を、あなたから引き剥がすことなのです。

✕霊は夜に現れる
○霊は昼にも夜にも現れる

「暗い夜道は、霊が出そうで怖い」という人がいます。

しかし、霊は朝でも、昼でも、夜でも、そこにいるものなので、時間帯は関係ありません。

私が除霊をするのは、日中が多いです。一〇時から一八時までに除霊をしていることが多いので、会社員や公務員の方と同じ時間帯に働いています。

なぜ夜に霊がいると思いがちなのかというと、夜は疲れており、顕在《けんざい》意識が弱まっているからです。それで、霊が見えてしまう人がいるのです。

夜に霊が現れると思い込んでしまうのは人間側の問題であって、霊の側の問題ではありません。

霊は、時間帯に関係なくそこにいます。

「除霊師の方は、どんな毎日を送っているのですか？」と聞かれることがあります。

平日の昼間は、法人からの除霊の依頼が多いです。

週末は、個人の方から除霊鑑定を依頼された場合に対応しています。

そう考えると、平均的な会社員や公務員の方と生活スタイルは変わりません。

身体が疲れていたら、霊と対峙《たいじ》したときに負けそうになります。疲労は大敵です。

そのため、ブラック企業のように夜遅くまで働いて、身体を酷使することはありません。

除霊師は、昼でも夜でも、しっかりと霊と対話をするコンディションを保つために、規則正しい毎日を送っているのです。

×霊はしゃべらない
○霊はものすごくしゃべる！

霊は、黙ってこちらをじっと見ているというイメージを持っている人がいます。違います。

霊は寡黙ではありません。

この世に未練があって、伝えたいことだらけなのが、霊という存在だからです。

霊になってまで、しゃべりたくて仕方ないのが、霊なのです。

私は霊と対話をしていると言っていますが、九対一の割合で、霊が一方的に話し続けているのが実際です。

霊が洪水のようにまくし立てているのを聞かされて、「で、何をしてほしいんだ?」「どうしたいんだ?」「成仏したいのか?」と私が質問をして、会話を成立させるのです。

「霊は見えるが、話をすることはできない」という方がいるために、「霊はしゃべらない。そこにいるだけだ」というイメージを多くの人が持っています。

明石家《あかしや》さんまさんのように、しゃべってばかりいる霊が大勢いる。それが、除霊師が見えている世界なのです。

✕霊は日本語を話す
○霊は霊界語を話す

日本人の霊は日本語を話し、アメリカ人の霊は英語を話すと思っている人がいます。違います。

霊は、我々人間が話している言葉は話しません。「霊界語」で、こちらに話しかけてくるのです。

霊界語は、地球上のどの言葉とも違います。**テレパシーに近く、データだけでやりとりする世界**です。

そこには、画像データもあれば、音声データもあります。

外国人の霊も、日本人の霊も、同じ霊界語を話すので、私がイギリスに出張をして除霊をすることも可能です。

相手の霊の霊格が高ければ高いほど、一瞬のうちに莫大なデータ（画像と音声）をこちらに送ってきます。

霊格とは、「霊の位《くらい》」のことです。

神さまの位に近くなるほど霊格が高く、動物に近くなるほど霊格が低いといえます。

霊格が高い霊は、金属音のような「キーンキーン」という音を発します。

善霊（よい霊）だと、鈴の音のような「チリンチリン」という音です。

悪霊は、事故が起きたときのような「グシャッグシャッ」という鈍い音です。

このような感覚がやってくると同時に、データ（画像と音声）が飛び込んでくるのが霊界語です。言葉で対話をしているのではありません。

除霊師は、霊格が高い霊と対話するときは、こちら側もキーンキーンという音で返し、悪霊の場合はグシャッグシャッという音で返します。

相手の霊界語の波長に合わせるのは、難易度が高いスキルです。そのため、優秀な除霊師は、なかなか存在しないのです。

○× 背後霊と守護霊は同じ
○ 多くの背後霊の中に、守護霊もいる

「背後霊と守護霊って、同じでしょ?」と思っている人は多いです。違います。

背後霊というのは、**その人につながっている霊すべてのこと**を言います。

背後という言葉を使っているだけで、真後ろにいるわけではありません。

本人が見えていないという意味で「背後」と言われているだけなのです。

物理的に左右にいる、前後にいる、ということではなく、四次元空間において、あなたが生活している場所すべてに存在しているのが背後霊です。

あなたが毎日学校に行っているのであれば学校に、会社に行っているのであれば会社にあなたの背後霊はいます。

家の中にも、あなたの背後霊はいます。

背後霊の集団の中に、守護霊もいれば、悪霊もいます。

飼っていて亡くなったペットがいる場合には、動物霊もいます。

私もかつて犬を飼っていて、いまだにその犬の霊と対話します。

実家が農家だったこともあり、馬の霊も私の背後霊にはいて、馬の霊とも対話します。

先祖霊も、背後霊に含まれます。

先祖霊といっても、守護霊になっている霊もあれば、守護霊になっていない霊もあります。

守護霊になるには、霊界のライセンスが必要で、**位が高くてライセンスを持っている先祖霊だけが守護霊になれます。**

数多くの背後霊の中に、守護霊も存在するというのが正解なのです。

×背後霊は数体いる
○背後霊は数百～数万体いる

「背後霊は、一〇体くらいなのかな。多い人でも三〇体くらいなんだろうな」と思っている人がいます。

違います。

背後霊は、少ない人で数百体、多い人であれば数万体います。

ケタが一つ違うのです。

古い家柄の方は、背後霊が数万体いる場合が多いです。

有名なご先祖をお持ちの方、天皇家、貴族の家系の方は、先祖霊が多いために背後霊が多くなります。

霊能者の多くは、こうした家系の生まれで、背後霊が数万体いる人が多いのです。

土御門家も代々、陰陽師の家系だったために、背後霊が多いです。

とはいえ、背後霊が多ければ多いほど金運がよかったりするわけではありません。

自分の背後霊は数百体しかいないのか、とがっかりする必要はありません。

あくまでも、善霊と悪霊のバランスが重要です。


善霊が一五〇体、悪霊が一〇〇体といったように、**善霊と悪霊が、六対四のバランスの人が一番成功しやすい**です。


成功するためには、善霊だけではなく、悪霊も必要なのが、面白いところです。

「いい人」だけでは、「ただのいい人」で終わってしまうのが、世の常です。

「いい人」であることは大切ですが、悪霊も四〇パーセントいて、それを善霊が押さえつけている状態こそ、成功する人の特徴です。

善霊と悪霊のバランスを、六対四の状態にするよう調整していくのが、優秀な除霊師の仕事なのです。

×守護霊はたくさんいる
○守護霊は一体だけいる

「背後霊が数百～数万体いるのであれば、私の守護霊はたくさんいるんだろうな」と考えてしまうかもしれません。

これも違います。**守護霊は、一人につき一体だけ**です。

一つの学校に校長先生が一人しかいないのと同じように、あなたの守護霊も一体しかいません。

その代わりに、指導霊が一〇〜数十体います。

学校で、国語を教える先生、数学を教える先生が別になっているのと同じで、このことを教えるのはこの指導霊、あのことを教えるのはあの指導霊と決まっているのです。

さらには、「サブ指導霊」が一〇〇〜数百体いて、指導霊を補佐しています。

校長先生の守護霊が一体、各教科を教える指導霊が一〇体〜数十体、補佐をするサブ指導霊が一〇〇〜数百体という構成です。

さらにサブ指導霊の下に、外敵から直接、身を守る「防護霊《ぼうごれい》」が数百〜千体います。

防護霊は、学校でいえば警備員の役割です。

つねに悪霊と戦っているため、傷ついて休んでいたり、治療中だったりする防護霊もいます。

守護霊、指導霊、サブ指導霊、防護霊を合わせて「守護霊団」と言います。

学校でいえばかなりのマンモス校で、警備員の数がものすごく多いのが、あなたの「守護霊団」なのです。

○守護霊は「ご先祖型」「派遣型」「移動型」の三種類だ
×守護霊はご先祖さまだけだ

「私の守護霊さまは、どんなご先祖さまなんだろう」と思った方もいるでしょう。

ですが、**守護霊は、あなたのご先祖さまとは限りません**。

二〇歳までは、守護霊がご先祖さまである確率は、四〇パーセントです（なぜ二〇歳までなのかは、後述します）。

ご先祖さまの中で、もっとも霊格が高く、守護霊としてのライセンスを持っている人が、あなたの守護霊です。

守護霊は人によって必ず違うのかというと、そうでもありません。

「守護霊共有」といって、親と同じ守護霊だったり、兄弟姉妹と同じ守護霊だったりすることもあります。

一体の守護霊が、同時に数名を守っていることもあるのです。

守護霊の四〇パーセントはご先祖さまですが、残りの六〇パーセントは、**霊界が派遣した守護霊が三〇パーセント、血縁者から移動してきた守護霊が三〇パーセント**となります。

霊界が派遣するのは、血縁が途切れている人や、離婚をしていて先祖がいない人の場合です。

そういう人には、霊界があなたにぴったりの守護霊を派遣してくれます。

「私の家系は、先祖代々、離婚を繰り返していて、ご先祖さまのご加護が受けられないのでは？」と不安な方もいるでしょうが、そういう方のために、霊界はきちんと守護霊を派遣してくださっています。心配しないで大丈夫です。

残りの三〇パーセントは、血縁者から移動してきた守護霊です。

兄弟姉妹が亡くなったときは、守護霊団ごと移動してくるケースがあります。

私の場合、兄が数年前に亡くなったのですが、兄の守護霊団が六千体、私のところに来ました。

父、母が亡くなったときも、守護霊団ごと子どもに移動することが多いです。ただし、父、母と仲がよかった場合のみで、疎遠になっている場合は、やって来ないのが通例です。

守護霊は、生まれたときから一体だけで、変わらないと思っている人は多いでしょう。

ですが、守護霊は、入れ替わるのが正解です。

守護霊の任期は、二〇年です。

ただし、高次元のライセンスを持っている守護霊には任期はなく、一生変わりません。

高次元のライセンスを持っている守護霊が憑いている方は、一万人に一人だけですので、ほとんどの方の守護霊の任期は二〇年だと思ってください。

二〇歳、四〇歳、六〇歳、八〇歳と、たいていは人生で四回、「校長先生」が入れ替わります。

・〇歳〜二〇歳まで……小学校の校長先生
・二〇歳〜四〇歳まで……中学校の校長先生
・四〇歳〜六〇歳まで……高校の校長先生
・六〇歳〜八〇歳……大学の校長先生
・八〇歳〜一〇〇歳……大学院の校長先生

このように、守護霊が入れ替わるのです。
小学校で教わることと、中学校で教わることは違います。
なので、そのステージに応じて、守護霊は入れ替わるのです。
守護霊が入れ替わるときは、霊界からの「派遣型」が一〇〇パーセントです。

霊界が、**「あなたはこの二〇年、この守護霊から学びなさい」**と、最大限あなたを成長させるために、守護霊をチェンジさせていくのです。

全国から「感動の声」が続々! ②

大成功する人生にしたい! でも何をすべきかわからない……。そんな悩みを、土御門令月同先生に吹き飛ばしていただきました! 鑑定が始まってすぐに、「あなたは理解力がありますね。だから、大変なことには手を出さない」と私の問題点をズバリと指摘され、本当にドキッとしました。

さらに、耳を疑うひと言が続きました。「このままでは、持てる力の一〇パーセントも出せない人生になります」。衝撃的でした。**これまで必死で生きてきたつもりでしたが、それは思い込みにすぎないことに気づかされました。**解決法も明確でした。「教育に徹してください。教育とは、『聞いて得した』と思ってもらえるような話を提供することです」。アドバイスいただいたことで、人生の進め方が明確になりました。

初めての除霊鑑定だったので、お会いする前は、少し不安もありました。しかし、鑑定中は終始なごやかな雰囲気だったので、アドバイスも体にスッと入ってきました。**おかげで悩みが晴れ、心の中がとてもスッキリしています。**

(太田花丸さん・大阪府)

Chapter 3

なぜ私は「除霊師」になったのか

霊能力を使って、曽祖父は一〇億稼いだ

「土御門先生は、生まれつき霊が見えたのですか？」とよく聞かれます。

正確な記憶として残っているのは、生後四か月にして、霊と対話をしていたことです。

直径二〇センチくらいの、光る球体と話をしていました。

日本語を話すよりも先に、霊界語を話していたのです。

両親が話している日本語の意味はわからなかったのですが、霊界語は理解できていた記憶があります。

土御門家は、代々続く陰陽師の家系です。

平安時代から天皇家に仕え、日本を支える存在としての使命がありました。

私の曽祖父は、絶大な霊能力があったのですが、その霊能力をなんと博打《ばくち》に使いました。

花札《はなふだ》で大勝ちし、現在、札幌駅前の丸井今井がある土地一帯を手に入れたそうです。

今の資産価値で一〇億円以上を、霊能力を使って築き上げました。

そんな曽祖父には、遺言がありました。

「いずれ土御門家に、幼い頃から霊が見える男が出現する。その男に、土御門家の古《こ》文書《もんじょ》を渡せ」というものでした。

祖父、父は、霊が見えませんでした。

そんな中、予言の子である私が生まれたのです。

封印された「式神」が乗り移った

忘れもしない、一七歳の誕生日のことです。

父親から、「お前が土御門家の古文書を引き継げ。土御門家の蔵から、古文書を探し出してこい」と言われたのです。

「何のことだろう」と思い、蔵を探すと、漆《うるし》塗りの食器の隣に、紐《ひも》でくくられて、鉛《なまり》で封印をされていた「重箱」を発見しました。

「これに違いない」と思った瞬間に、**封印されていた式神《しきがみ》が私の身体に乗り移りまし**

た。

頭の中に、「次代と認める」という言葉がこだまして、重箱を開けることができたのです。

今でも、その式神は私のそばにずっといます。

箱を開けると、古めかしい本が入っており、漢文とカタカナで書かれた文字がびっしりとありました。

表紙には赤い字で、「他見《たけん》許さず」と書いてありました。この本の詳しい内容は、誰にも伝えてはいけないんだなと直感しました。

ですから本書も、公開して差し支えない範囲のみしかお伝えできないことをお許しください。

ご先祖さまから託されたのは、三冊の古文書だった

古文書は三冊入っていました。

「心得の章」「技術の章」「霊界の章」の三冊です。

「心得の章」には、土御門家の霊能者としてどうあるべきかが書かれていました。

メインとして書かれていたのは、「国政、および貴族に対する霊術の使い方」でした。普通の人に使う霊術と、国政や貴族に使う霊術では、術式が違うと書かれていました。

「技術の章」には、霊界の法則や、悪霊との戦い方、霊能者同士で戦うときの戦い方、日々の修行の仕方、例外事項として「神と戦うときにはどうしたらいいのか」も書かれていました。

「霊界の章」には、霊界はどんな様子で、案内人となる神さまは誰なのか、その名前が記されていました。

私はこれまで、いろいろな霊界を訪れてきましたが、霊界ごとに案内してくださる神さまが違います。

土御門家の古文書を引き継いだ者だけが、その神さまに案内してもらえると書かれており、実際に案内していただいています。

また、先代までの「霊界調査データ」が記されていました。

ここまでは調査をしたから、これ以降の霊界調査は引き継いだものがやるようにと記されていました。

一七歳のときに古文書を引き継いで、解読が終わったのが三二歳のときです。

古文書を解読するのには、一五年かかったのです。

悪霊との戦いで、悪霊から生かされた

私が最初に霊と戦ったのは、一九歳の夏です。

古文書を発見してから二年が経過していました。

まだ古文書の内容もよくわからなかった時期です。

とはいえ、霊とも神さまとも対話はできていましたので、「資質はすでに備わっている。除霊師として活動してもいいのではないか？」と、正直、思い上がっていました。

そんなある日のことです。地元の札幌では、私が霊を見ることができ、陰陽師の家系であることも知られていたので、「除霊をしてくれ」との依頼がありました。

しかし、その霊はとても強い霊で、当時の私の手には負えないほどでした。

なんとか依頼人から霊を剥がすことには成功したのですが、その瞬間、霊が私にと

り憑いたのです。

私は倒れ、意識不明の重体になり、救急車で運ばれました。

気がつくと、体のいたるところがチューブにつながれた状態で、ベッドの上にいました。

本来であれば、私は悪霊に負けたので、命を奪われてもおかしくありませんでした。

実際に、私の命を奪うほどの強い力が、その悪霊にはありました。

しかし、その悪霊は命を奪わずに、こう言ったのです。

「真《しん》を持つ者の命は、取ってはならない決まりがあるゆえ」と。

悪霊に負けて殺されるところを、悪霊に生かされたのです。

それ以来、**除霊をするときには、「悪霊の言い分」を聞いてから除霊をするようになりました**。

この事件までは、「悪・即・斬」で、問答無用で成敗をしていました。

ですが、「悪霊にもとり憑いた理由があるはずなので、問答無用で成敗するのは、除霊師の思い上がりである。その理由を聞いてから除霊をするべきだ」と、悪霊から教わった気がしたのです。

今考えれば、霊界からの仕組まれた戦いだったのかもしれません。

思い上がった私に、到底かなわない霊がいることを知らしめることで、謙虚に除霊師としてやっていけと言いたかったのだと感じています。

私は大敗し、生死をさまよいました。

ですが、この大敗があったことで、それ以降の二〇年以上、一度も悪霊に負けていないのです。

挫折から学んだ下積みの大切さ

こうして一九歳のときに悪霊に大敗したことで、**「土御門家の古文書を解読しないうちに、除霊師としての活動を始めるのは思い上がりだ」**と胸に刻みました。

数か月に一度、「お願いですので、除霊をしてくれませんか」と言われたときには、断るわけにもいかず、除霊をしていました。しかし、本格的に除霊師としての活動を始めたのは、古文書を完全に解読した三二歳になってからです。

よく驚かれるのですが、二〇歳から二四歳までは、一部上場企業に会社員として勤めていました。

その後、スーパーの店長をしたり、タクシー運転手をしたりしながら、八年間、古文書の解読を進めていきました。

漢文とカタカナが混じった難解な文章で書かれているので、解読は困難を極めました。

解読をしながら、新しい霊術を試したり、霊界に行って神さまに案内をしてもらったりする日々が続きました。

まるで研究者のような毎日で、「除霊をして人を助けよう」という気持ちよりも、古文書を解読したいという探究心が優《まさ》っていた時代でした。

そして、ようやく三二歳のときに解読が終わり、霊界からも「もう除霊師として活動してもよい」とのお許しが出たので、本格的に活動を始めたのです。

二〇年間、表に出ない除霊師として活動

かつては除霊師という職業が珍しかったせいもあり、除霊の仕事は口コミで広がっていきました。

「デパートの除霊をしてくれ」と言われて広島に行ったり、次の日は新潟で「土地を清めてほしい」と言われたりと、忙しい毎日を送っていました。

基本的には、法人からの依頼が中心で、社長さんから売上アップの相談を受けているうちに、個人の方からも除霊鑑定を頼まれるようになりました。

三二歳から五二歳までの二〇年間、口コミでどこにでも飛んでいく除霊師としての日々を送っていました。**有名になりたいという願望もなく、ただ困っている方のために自分の身体を使う、表には出ない除霊師でした。**

私がデジタルに疎いこともあり、ホームページすら持っていませんでした。お客さんとのやりとりは、「ショートメール」だけという状態でした。

それでもお客さんは約二〇〇人いましたので、口コミの紹介だけでなんとか生きていけました。きっとこのまま人生が終わっていくのだと思っていました。

しかし、そんな私の運命を変える、奇跡の出会いが訪れたのです。

石井貴士先生との出会いで、人生が変わった

私は、霊と話すことは得意なのですが、文章を書くのは苦手でした。

霊には考えていることを伝えられるのですが、文章にして人間に伝えることが、どうしても昔からできなかったのです。

そこで、霊界に「どうしたらいいのか？」と伺ったところ、「作家の中谷彰宏《なかたにあきひろ》先生のところに行け。そうすればすごい出会いがある」という答えが返ってきたのです。

中谷彰宏先生は、本を千冊以上書かれている大作家の先生です。

その中谷先生が「本の書き方塾」という講座をされていることを知り、伺ったところ、そこにいらっしゃったのが作家の石井貴士先生だったのです。

石井貴士先生に出会った瞬間、ものすごいオーラを感じました。

すぐに霊視をさせていただいたところ、守護霊には、オレンジ色の玉の形をした神さまが憑いていました。

たいていの守護霊は人間の霊なのですが、**一万人に一人の確率で、神さまが守護霊になることがあります**。世の中を変える存在だったり、国を動かす存在の人には、神さまが守護霊になるのです。

その一万人に一人が、石井貴士先生だったのです。

石井貴士先生は、『本当に頭がよくなる1分間勉強法』（KADOKAWA）という本を出されていて、年間ベストセラー一位にもなったことがある方です。

その日のうちに意気投合し、中谷先生のレッスンが終わると、毎月のように一緒に飲みに行くようになりました（二人ともお酒は飲めないので、ウーロン茶ですが）。

そこで二人で話しているうちに、私たちが運命でつながっていることがわかったのです。

陰陽師の子孫と天皇の子孫が出会った！

あるとき、石井先生の家系は桓武《かんむ》天皇の子孫で、先生は石井家二六代目の長男だと教えてもらいました。

桓武天皇の子どもから、長男、長男、長男……と続き、二六代目の長男が石井先生なのです。

桓武天皇は、七九四年に平安京を開き、平安時代を作った方です。

土御門家は、平安時代から天皇家に仕えるようになった陰陽師の一族です。

平安時代からのご縁で、一二〇〇年ぶりに出会ったのが私たちだったのです。

石井先生はこうおっしゃいました。

「土御門先生の除霊鑑定は、多くの人を救えるはずです。私が土御門先生をプロデュースします。ホームページも私が作ります。『除霊王』という本を執筆して、日本だけではなく、世界中の困っている人を救いましょう。我々が出会ったのは、きっとこの使命のためです」

ホームページも持たず、世に出ることなど考えもしなかった私が、こうして本を書くことになったのは、石井先生とのご縁があったからです。

個人向けの除霊鑑定も、石井先生に受付のスタッフの方をご用意していただいたおかげで、一般の方にも門戸を開くことができました。

私一人の力だけでは広がることのなかった、「除霊で人を救う」という世界が、天皇家の子孫の石井先生と出会うことで叶ったのです。

「除霊ができるのに、多くの人を救わないことこそ、傲慢である。もっと多くの人を救え」という霊界からの指令もありました。こうして表に出る決心がつき、あなたを救うために、この本を書くことにしたのです。

ぜひ、あなたにはこの本を通じて、**「除霊によって開運することがあり得るんだ」**と知っていただければと思っています。

Chapter 3

なぜ私は「除霊師」になったのか

全国から「感動の声」が続々！ ③

何もかも中途半端だった今までの人生。**その原因と解決策を、一瞬で教えていただきました！**「ちょっとうまくいくと、すぐ舞い上がるでしょう。だから、成長がそこで止まってしまうんだよ」。先生の前に座った瞬間、ずっと悩んでいたことをズバッと指摘されました。さらに「貯金が×××円になるまでは、ぜいたく禁止」と、具体的な解決策を示してくれました。この貯金の金額は、私のご先祖さまの守護霊から聞いた数字なのだとか。目からウロコ、本当に驚きでした。**今まで悩んできた時間は、一体なんだったのか……**。さすが除霊王、すべてお見通し！　今後もぜひ、鑑定をお願いしたいです！

（海野あおいさん・東京都）

人生初の除霊鑑定！　驚きの連続でした。自分自身のこと、気になっていることを、まるでCTスキャンをされたように診断を受け、今後の対策の処方箋をいただきました。タイム・イズ・マネー、**悩んでいる時間が、すべて無駄だったことがわかりました**。一日も早く、鑑定を受けることを、オススメします。

（火野陽一さん・兵庫県）

Chapter 4

「善霊」に好かれる人、「悪霊」に好かれる人

悪霊を寄せつけない「体質」になろう

除霊をするのが私の仕事ですが、除霊をしただけで、その人が開運できるわけではありません。せっかく除霊をしても、「一週間でまた同じ悪霊が戻ってきてとり憑かれた」という人は多いのです。

善霊（よい霊）に好かれ、悪霊が寄ってこなくなる体質になることが、大切です。

①ひどい悪霊を寄せつけない体質になる
②善霊がどんどんやってくる体質になる

このツーステップが、開運の秘訣です。

先ほど申し上げたように、背後霊が一〇〇体であれ、一〇〇〇体であれ、善霊六〇パーセント、悪霊四〇パーセントの割合の人が、一番成功しやすいです。

善霊だけでは「いい人」すぎて成功することができず、悪霊が五〇パーセントを超えると、人から嫌われてやはり成功することができません。四〇パーセントの悪霊を、六〇パーセントの善霊が抑えている状態が、理想のバランスです。

パーセンテージも大切ですが、ひどい悪霊がいないことも大切です。憑いているだけで起き上がれなくなるほどの悪霊や、手足が痺れて動けなくなる悪霊は、祓わなければいけません。

「善霊が抑えられる程度の、適度な力を持った悪霊」は必要なのですが、「善霊でも抑えきれないくらいの悪霊」は、あなたには必要ありません。

よい霊に好かれ、悪い霊はそもそもやってこないようになれば、運気は上昇するのです。では、どんな人が「善霊」に好かれているか、見ていきましょう。

×利己主義である
○利他主義である

「私だけが助かればいいんです。他の人はどうなってもいいんです」という人は、善霊から好かれません。

よい人間から好かれる人が、よい霊から好かれる人です。

悪い人間から好かれる人が、悪い霊から好かれる人です。

人間も霊も、同じ波長の人に寄ってくるのです。

「悪い霊を祓ってください。そして、憎いアイツに呪いをかけてください」と私にお願いをする人がいます。

呪いをかける方法も、除霊師である以上、当然の知識として知っています。

なぜなら、呪いをかける方法を知らなければ、呪いを外すこともできないからです。

とはいえ、私は呪いをかけたことは一度もありません。

呪いをかけるには、私自身も悪霊と契約する必要があるため、悪霊とつねに一緒にいなければいけなくなってしまうからです。

悪霊とともに生きていくのは、さすがに私でも難儀なので、呪いをかけることはしません。

もしあなたが、「自分さえよければいい。相手のことは呪えばいいんだ」と思っていれば、あなたは悪霊から好かれる人間になってしまいます。

悪霊が寄ってくる人の特徴は、自分さえよければいいと、自分の利益だけを考え、相手のことはどうなってもいいと考える人です。

逆に、**「自分はどうでもいいんです。相手に幸せになってほしい」と考える人には善霊が集まります**。

結果として、開運につながるのは、「利他主義」の人です。

善霊の中でも、さらに位の高い善霊を集めるためには、「利他主義」になる必要があるのです。

×他罰主義である
○自罰主義である

何か悪いことが起きたときに、「あの人のせいだ」「あいつが悪い」と人のせいにする人がいます。

こういう人のことを「他罰主義」と言います。

他罰主義は、悪霊から好かれます。

つねに誰かのせいにして、誰かに罰を与えようとしているのが悪霊だからです。

悪霊と同じ思考パターンをしたら、悪霊を呼び寄せてしまいます。

何か悪いことがあっても、「いや、自分にも悪いところがあったはずだ」と考える人は、善霊から好かれます。

悪いことがあったときに、相手のせいにしていたら、自分の成長はありません。

「すべてのできごとは自分の責任である。そのうえでどうするか？」と考える習慣がある人を、善霊は助けたいと思います。

善霊も、同じような思考パターンだからです。

すぐ人のせいにする人は、私が悪霊を追い払ったとしても、またすぐに悪霊にとり憑かれます。

考え方を変えることで、善霊から好かれる体質になり、運がどんどん開けてくるのです。

○自立心が強い ×依存心が強い

「どうしていいか自分では考えられない。誰かに頼ろう」という人は、悪霊から好かれます。

自分の考えがないと、「それなら俺の考え方を植えつけてやろう」と、悪霊が入り込む隙を与えてしまうからです。

自分で考え、自分で行動する自立心がある人を、善霊は応援します。

「会社に頼って暮らしたい」「老後は国に頼りたい」と、何かに頼って生きていこうとする人のことが、悪霊は大好きです。

頼ろうとしたときに、そのハシゴを外すのが、悪霊がやりたいことだからです。

会社に頼ろうとしたら、失敗をさせて、リストラされるように仕向ける。悪霊にとっては、得意中の得意です。

悪霊がとり憑けば、表情も暗くなり、お客さまからも、会社の仲間からも嫌われるので、会社をやめさせられる方向になります。

老後は国に頼ろうとしたら、病気にさせて、予想外の出費をさせます。悪霊の思うツボです。

霊がとり憑くための場所のことを、「憑代《よりしろ》」と言います。**悪霊にとって、依存心が強い人ほど居心地のいい「憑代」はない**のです。

あなたに自立心があると、悪霊はとり憑くことができません。

悪霊の考えが入り込む隙がないからです。

善霊は、自分の頭で考える人を応援したいと思って集まってきます。

自立心が強い人には、善霊が集まってくるので、運気も上昇するのです。

×掃除が嫌いだ
○掃除が好きだ

掃除が嫌いだと、家の中が散らかります。部屋の中が、ゴミだらけになっている人もいます。

悪霊は、汚いところが大好きです。

犯罪が多発する街ほど、壁にスプレーで落書きがしてあるなど、汚いところが多いです。かつてニューヨーク市の市長が、市内の掃除を徹底したところ、犯罪率が激減した例もあります。

汚いところには悪霊が集まりやすく、逆にきれいなところは、悪霊は好きではないのです。

悪人は、汚い場所にいると居心地がいいと感じ、善人は、きれいな場所にいると居心地がいいと感じます。霊も同じで、悪霊は汚いところが好きで、善霊はきれいなところが好きです。

「お掃除風水」をご存じでしょうか？　「家を掃除することで開運する」という教えですが、家を掃除したらきれいになって善霊が集まるので、開運するのは当たり前です。

掃除が好きになることで、悪霊が去り、善霊を呼び込むことができるのです。

×志がない
○志がある

「私には夢がありません。やりたいことがないんです」という人がいます。

そんな人にも、悪霊が寄ってきます。自分のやりたいように操ってやろうと、悪霊が狙ってくるからです。

悪霊のやりたいこととは、人の邪魔をしたり、人を不幸にしたりすることです。悪いことをやりたいのが悪霊です。

ですから、**夢がない、やりたいことがない人は、悪霊にとり憑かれやすい**のです。

インターネットに、人の悪口を書く人がいます。そういう人は、やりたいことがないから悪口を書くという行動に出るわけです。

もしやりたいことがあるなら、そのことに夢中になって、人の目は気にしないようになるはずです。

元プロ野球選手の長嶋茂雄さんも、「野球選手は人間関係に悩んでいる暇などない。

すべてはバットを振ることで解決するのだ」と言っています。
人の邪魔をする人は、たいてい夢がない人です。
本当にやりたいことを朝から晩までしていたら、人の邪魔をする時間はないからです。
誰が何と言おうが、やり遂げたい夢がある人を、善霊は応援します。
志がない人に悪霊は寄ってきて、志がある人に善霊は集まってくるのです。

全国から「感動の声」が続々! ④

とにかくスゴすぎます! 土御門先生の前に座ったとたんに、「あなたの好き嫌いの激しさが、傲慢に見える原因ですね」と私の弱点を、ズバリ指摘していただきました。ずっと言われてきたことを一瞬で見抜かれて「なんでわかるんですか?」と、思わず聞いてしまいました(笑)。

「意識をこうやって変えれば、克服できるよ。もっと謙虚になれば、人が集まってくるよ」と解決策も明確で、素直に受け入れることができました。**「なぜ、こんなに腑に落ちるんだろう」と不思議な感じでした。**きっと、私の守護霊さまが伝えたいことを土御門先生がおっしゃってくれたからだと思います。

土御門先生にお会いするまでは、不安と期待で気持ちが交錯していました。しかし、鑑定が始まると、**土御門先生の人柄となごやかな雰囲気で、あっという間に三〇分過ぎてしまいました。**三〇分では時間が足りないので、これからは一時間の鑑定を受けたいと思います。

(渋沢潤さん・愛知県)

Chapter 5

悪霊を祓う「5つの方法」

悪霊を祓うには5つの方法がある

悪霊がとり憑いたら、どうしたらいいのでしょうか。
解決策は、大きく分けて二通りあります。

①自分で祓う
②自分以外のものに祓ってもらう

この二つです。

この章では、自分で祓う方法を二つ、自分以外のものに祓ってもらう方法を三つ、ご紹介します。

自分で祓う方法としては、

①塩を使う
②煙を使う

の二つがあります。

悪霊が嫌う、「塩」と「煙」を使って追い払うわけです。

一方、自分の手に負えない悪霊は、自分以外の第三者にお願いして祓ってもらうしかありません。

③ご先祖さまに祓ってもらう
④神さまに祓ってもらう
⑤除霊師に祓ってもらう

この三つがあります。

悪霊を祓うには、大金がかかると思っている方もいるかもしれませんが、さほどお金をかけなくても、悪霊を祓うことは可能です。

①塩を使う

精製されている食塩ではなく、粗塩《あらじお》（天然の塩）を使います。

海のエネルギーがそのまま入っている状態がベストなので、精製されている食塩ではダメなのです。

海水には、海のエネルギーが入っています。

海のエネルギーには、悪霊を地獄に連れ戻す力があるのです。

海のエネルギーが詰まった粗塩を使って、悪霊を祓うのが、塩を使った除霊の方法です。


自分の首の後ろと肩に、塩を塗り込んでください。

それだけで、八割の悪霊は祓うことができます。

八割といえば、かなりのパーセンテージです。お金をほとんどかけずに、八割の悪霊が祓えるのですから、とても効果的な方法です。

お風呂に塩を入れるのがいいという方もいますが、相手は悪霊なのですから、直接、塗り込んだほうが効果は格段に上がります。

塩は悪霊を祓うためのツールとしては手に入りやすく、それでいて八割も解決できる、とてもお得なアイテムなのです。

とはいえ、強い悪霊は、塩を塗り込んでもびくともしません。

そうなると、先祖霊の力を借りるか、神さまの力を借りるか、除霊師の力を借りるかで解決するしかありません。

②煙を使う

煙を使った除霊の方法は、もともとは「白魔術」の技です。

「ホワイトセージ」というハーブを使います。

ホワイトセージを灰皿などに入れて、火をつけます。

その煙を自分で浴びると、悪霊が退散していきます。

なぜ、ホワイトセージを使うのかというと、大天使の光が詰まっているのがホワイトセージだからです。

悪霊が大嫌いなのが、大天使の光です。

塩で八割の悪霊が祓えるとしたら、ホワイトセージは九割の悪霊が祓えます。

ホワイトセージは、一〇〇グラム（約四千円分）は必要です。

二〇グラム単位で販売されていることが多いのですが、大量に焚かないと悪霊は逃げていきません。

火災報知器が反応するくらい、部屋の中を煙で充満させないと効果がありません。なので、火災報知器がある部屋では焚かないように注意してください。

ホワイトセージはインターネットでも売っていますので、誰にでも手に入れることができます。

塩よりは少し値段が張りますが、そのぶん効果が絶大なのが、ホワイトセージなのです。

③ご先祖さまに祓ってもらう

悪霊は自分で祓うこともできますが、あなたを守ってくれているご先祖さまに祓ってもらうこともできます。

仏壇の前で、「ご先祖さま、この霊を祓ってください」と手を合わせます。

一回一五秒以上祈ってください。

回数は、朝四回、夕方四回の計八回です。

二日以上続けても効果がなければ、次の「神さまに祓ってもらう」に移る必要があります。

ちなみに、お墓参りに行っても同じ効果が得られますが、同じ効果であれば、仏壇の前のほうがお手軽でしょう。

「わざわざお墓参りに行かないと悪霊を祓うことができない」と考えている人がいますが、仏壇で十分ですのでご安心ください。

仏壇の前で、お線香をあげたほうがいいのか、お供えをあげたほうがいいのか、ということもよく聞かれます。

お線香は、あえてあげないでください。

お供えも、わざとあげないでください。

悪霊祓いは、ご先祖さまとの取引ではありません。子孫としての、単なるお願いです。

お線香やお供えをあげると、取引だと思って、悪い先祖霊がやってきてしまうことがあります。悪霊を祓うときだけは、お線香とお供えは避けてください。

もちろん、先祖供養のときには、お線香、お供えは必須です。しかし、悪霊を祓う行為については、ご先祖さまに善意でやっていただくべきものなのです。

④神さまに祓ってもらう

ご先祖さまも手に負えない、強い悪霊も多くいます。

弱い悪霊であれば勝てますが、強い悪霊だと、ご先祖さまの力を結集しても勝てないことがあります。

二日間、ご先祖さまにお願いしても、悪霊が祓えなかった場合は、神さまに悪霊を祓ってもらいましょう。

具体的には、神社に行って祓ってもらうのがお勧めです。

神社には、神さまがいるからです。

悪霊を祓うのにお勧めの神社をいくつかお教えします。

・**北海道神宮**（北海道）
・**明治神宮**（東京都）
・**伊勢神宮**（三重県）
・**諏訪《すわ》大社**（長野県）
・**出雲《いずも》大社**（島根県）

これらの神社は、どなたにでもお勧めできます。

基本的に「大社」とつく神社は、すべてお勧めできます。位が高い神さまがいるので、悪霊を祓っていただくのには適しているからです。

注意点としては、「厄祓い」というメニューでは除霊できないことです。「厄」ではなく、「霊」が原因だからです。

とはいえ、「除霊をしてください」と神社の方に言っても、通じないと思われます。
「身体の調子がよくないので、健康祈願をしてください」と伝えてください。

除霊をするのは神社の方ではなく、神さまなので、「健康祈願」というメニューを選べば、神さまが霊を祓ってくれるのです。だいたい、五千〜一万円くらいでやっていただけます。

⑤除霊師に祓ってもらう

なるべくお金を払わずに、安くすませたい場合は、塩、煙（ホワイトセージ）を使ったり、神社で健康祈願をしたりすれば、一万円以下で悪霊は祓えます。

ご先祖さまにお願いすれば、無料です。

しかし、お金がかかってもいい場合は、除霊師にお願いすることもできます。もちろん、一万円以上はかかります。

除霊師にお願いする利点としては、心の底から安心できることです。

塩で八割、ホワイトセージで九割の霊が祓えますが、「残りの二割、一割の確率で悪霊が祓えなかったらどうしよう」との不安は残ります。

ご先祖さまにお願いするにしても、神さまにお願いするにしても、「はたして、本当に悪霊が祓えているのか？」というジャッジは、霊が見えない以上、あなたにはできないはずです。

除霊師の場合は、除霊をするだけでなく、完全に祓えたかどうかのジャッジをすることができます。

さらには、**その悪霊がどんな悪霊で、なぜあなたにとり憑いたのかという理由もお伝えすることができます**。

霊がまた戻ってこないためのアドバイスをすることもできます。

その悪霊だけを祓う、特別なお札《ふだ》を作成することも、除霊師の仕事の一つです。

また、悪霊が憑いていると思い込んでいるだけで、実は憑いていない場合もあります。そのジャッジも、除霊師ならできます。

呪詛《じゅそ》をかけられていることが原因の場合は、相手が霊ではないので、ご先祖さまでも、神社でも解決できません。

霊が原因なのか、それとも別の原因なのか、正確な原因を突き止めて、あなたの運命を好転させるのが、除霊師の仕事なのです。

全国から「感動の声」が続々！⑤

何の悩みもないと言ってしまったので、困らせてしまったかなと思いました。しかし、ここに行くようにこころのなかで言われた気がして、参加させていただきました。**さっそく除霊をしていただき、そのおかげで肩が軽くなりました。**また、鑑定していただけたらと思います。土御門先生、ありがとうございました。（Tさん）

土御門先生は、多くの事柄に深い見識をお持ちで、**霊視や除霊だけではなく、人生や健康や身内の相談においても、素晴らしい助言をいただくことができました。**

最近また一段と酒が弱くなったな、と実感していた今このときに、ひと目で肝臓の弱り具合を霊視し、私のストレス状態（ブラック企業）と、私の酒好きも勘案していただきながら、酒を減らすか休肝日を設けることを優しくご助言いただきました。

私個人は、一日でも早くブラック企業からの転職を考えておりましたが、現在私は厄年であるため、今はまず焦らないことが肝要と、教えていただきました。今後も定期的にご相談したいと思います。

（T・Hさん）

Chapter
6

よい除霊師、悪い除霊師の見分け方

ここまでの部分では、霊の正しい知識を深めていただきましたが、ここからは、実際に除霊師に依頼をするとき、ぜひ知っておいてほしい、と私が考えていることをまとめました。

この世界には、尊敬すべき素晴らしい方もおられる反面、とても残念なことですが、除霊師や霊能者を名乗るにせものやインチキが多いことも事実です。この本を手に取ってくださった方には、騙されてほしくないとの思いから、除霊師の良し悪しの見分け方を初公開します。

ぜひ参考になさってください。

×除霊後に料金を伝える
○除霊前に料金を伝える

そもそも、霊が見えない、霊を祓えない、自称「除霊師」も数多くいます。

インチキな除霊師の特徴は、**除霊前に料金を伝えないこと**です。

料金を伝えたら、「ならば除霊していただかなくていいです」と断られてしまうからです。

先に料金を伝えずに、本当は除霊できていないのに、できたことにして、法外な料金を請求する。それが、インチキ除霊師のやり口です。

その除霊師が本物かどうかを見分けるためには、

「どんな霊が憑いているんですか？」

「誰の霊ですか？」

「生き霊ですか？　死霊ですか？」

「何と言っていますか？　会話してみてください」

など、除霊をお願いする前に、質問してみることです。

答えられないのであれば、霊が見えていないということです。

依頼者に霊が見えないのをいいことに、だましてお金をとろうとする除霊師は、実に、除霊師を名乗る人の九〇パーセント以上です。

残念ですが、除霊師がいたら九〇パーセントがインチキ除霊師なのが、この業界なのです。

○ 三〇万円以下の料金を請求する
× 法外な料金を請求する

除霊師の中には、法外な料金を請求する人がいます。

では、いくらなら適正で、いくらなら法外なのか。これはあくまで私の考えですが、除霊に関して言えば、**個人向けの場合、目安は三〇万円**です（ただし、除霊以外の「呪詛返し」などのメニューは除きます）。

除霊師によっては、事前に料金を伝えず、除霊したあとに三〇〇万円、五〇〇万円、八〇〇万円を請求する人もいるのです。

本当に除霊ができていたらまだいいのですが、私の知る限り、できているケースはゼロです。

ですから、「では、次も五〇〇万円で除霊をお願いします」とは、なりません。

どんな商売でも、リピートされない商売は、信用できないでしょう。

霊は、除霊をしても、一週間くらい経って戻ってくることがありますので、一回五〇〇万円をいただいて、それで完全に終わりということはあり得ないのです。

ちなみに私の場合は、自分を大きく見せるつもりはありませんので、ここ二〇年、料金が変わっていません。

除霊鑑定（個人の場合）は、三〇分・四万円（税別）、一時間・六万円（税別）です。鑑定料金に除霊料も含まれているので、「超良心的な価格設定」だとお客さまから言われることも多いのです。

なぜ、個人の方向けの除霊鑑定のときに、除霊だけで料金をいただかないのかというと、先ほど申し上げたように、霊が憑いていないのに運が悪くなっている場合もあれば、呪詛によって運が悪くなっている場合もあるからです。

悪い霊が憑いていない方に対して除霊はできませんので、あくまで鑑定料としてお金をいただき、霊が憑いていたら無料で除霊をしてさし上げるスタンスをとっています。

✕ 法人の依頼が来ない
○ 法人の依頼が来る

インチキな除霊師の特徴は、「法人のお客さんがいない」ことです。

除霊は、法人のほうが目に見える効果が出るので、喜んでいただけてリピートにつながります。

デパートであれば、除霊をするだけで、そのフロアの売上が上がります。

アパートの事故物件を除霊すれば、そのぶんだけ空室が減りますので、売上に直結します。

通常、ほとんどのビジネスは、個人相手よりも法人相手のほうが、金額が大きくなります。除霊師も、法人メインでビジネスをしたほうが収入は安定します。

にもかかわらず、法人のお客さんの除霊はせずに、個人にだけ除霊を行なっている場合、「個人はだませるが、法人はだませない」と思っている可能性が否定できません。

もし、本当に除霊ができる除霊師なのであれば、法人からの依頼が多いはずです。

「費用対効果が高いのであれば、いくらでもお金を払う」のが法人だからです。

結果が出るものにはお金を払うけれども、結果が出ない（売上が上がらない）ものには、ビタ一文払わないと考えるのが、会社の社長さんです。

「法人からの依頼があるかどうか」が、いい除霊師かどうかを見分けるポイントなのです。

×土地の除霊を一律の価格で行なっている
○土地の除霊は面積によって価格が変わる

「土地（地場）の除霊は、一律三〇〇万円です」という除霊師がいたら、疑ってみたほうがいいでしょう。

土地の除霊は、その広さによって、価格が変動するのが当たり前だからです。

普通の一戸建てのサイズと、東京ドームのサイズの除霊では、広さのぶんだけ霊の数が違ってくるので、料金が変わるのは当然です。

一戸建ての場合、平屋建てと三階建てでは、それほど苦労が変わらないので、同じ料金設定の場合が多いです。

とはいえ、広さや部屋数によって、料金が変わることもあります。

たとえば、部屋ごとに祝詞《のりと》をあげる場合、部屋の数が多いほど負担が大きくなります。また、霊がたまりやすい部屋の四隅や、押入れなど、隅々まで除霊をする必要がありますので、やはり部屋数が多いと大変です。

アパートの除霊ですと、**私の場合は、一部屋ごとに三〇万円**が通例です。

タワーマンションで八〇〇戸ある場合と、アパートの一室で同じ値段だとしたら、その除霊師は、まず信用できません。

デパートの除霊は、一フロア三〇万円を基準にしています。

デパートには滞留している霊の数が多く、たいてい一フロアにつき、一〇万体前後の霊がいますので、本当はもっとお金をいただかないと割に合いません。

しかし、三階建てなら、三〇万円×三フロアの料金をいただいているので、サービスでこの価格にしています（ただし、あまりにもフロアが広い場合は、追加料金をいただいています）。

以前、五階建てのデパートの除霊をしたときは、三〇万円×五フロア、合計一五〇万円をいただいたことがあります。それでも、一〇万体×五フロアの除霊ならば、格安といえるのです。

○事前に伝えた値段のまま変わらない
×途中で値段が変わる

除霊師の立場からすると、強くて祓うのが難しい霊なら料金を高く、弱くてすぐに祓える霊なら料金を安くしたいと考えたくなります。

「実際に現場に行ったら、強い霊だったので、料金を値上げしてもいいですか？」と言いたい気持ちは、正直なところあります。

ですが、依頼人の目に見えないモノを扱っている以上、それはアンフェアです。

あとから値上げするのは、インチキ除霊師だと言われても仕方ありません。

事前に伝えた値段で除霊を行なうのが、いい除霊師です。

「霊の数が千体のときと、一〇万体のときでは、値段が一〇〇倍違って当然だ」というのも疑わしいです。

最初に提示された金額で、除霊をしてくれる除霊師を選びましょう。

また、依頼者がお金持ちだとわかれば「五〇〇万円です」と請求して、お金がないとわかれば「一〇万円でいいですよ」というのも、私は賛成できません。

相手次第で料金が変動するのは、ビジネスとしておかしいからです。

依頼人によって料金を変える除霊師は、あまり信用しないほうがいいでしょう。

除霊師は、目に見えない霊という存在を扱っている以上、お金に関しては目に見える明朗会計の除霊師を選んでください。

なかには、数日経ってから、「あなたの霊が、昨日私のところに来て、また除霊しましたので、五〇万円を振り込んでください」と言われたことがある方も、いらっしゃいました。

そして、一度関わってしまうと、あとで大変な目に遭うこともありますので、インチキな除霊師には、最初から関わらないようにしてください。

○ツボを売る ×お札《ふだ》を売る

「土御門先生は、ツボは売っていないのですか?」と聞く人がいます（とても多いです!）。

もちろん、売っていません。

インチキ除霊師の中には、「このツボを買えば助かります」と言って、ツボを売る人が実に多いのです。

ちなみに、ツボの価格は一〇〇万円が相場です。

「一〇〇万円のツボを買わないと、息子さんの病気は治りませんよ」「一〇〇万円のツボを買わないと、病気になりますよ」と脅して、ツボを買わせる除霊師のいかに多いことでしょう。

断言します。

ツボで除霊ができることは、一切ありません。

では、何を売る除霊師ならば信頼できるのでしょうか。

お札《ふだ》を売る除霊師は信頼できます。

市販のお札ではなく、除霊師が自作した、オリジナルのお札です。

その霊が二度と来ないように、お札を作って販売するのは、理にかなっています。

私自身、ツボは売りませんが、お札は販売しています。

もちろん、作ってほしいとの依頼があればの話で、脅してお札を買えということは一切ありません。

逆に、「除霊はしますが、他のものは何も販売していません」という除霊師もあまり信頼できません。

除霊をしたあと、開運までをすることで、ようやく初めて除霊師が仕事をしたと言えるからです。

ツボではなく、お札を売る除霊師を信頼するのが正しいのです。

全国から「感動の声」が続々！⑥

今回の出会いに感謝します。いただいたアドバイスで心に残っている言葉は、「今、進んでいる道は間違っていない」との言葉です。何かと言い訳して、自分に甘い私ですが、自分自身の目標達成のためには、それしかないとわかりました。**背中を押していただき、明日のための一歩を踏み出しています。**教えていただいた本も購入し、読み始めています。これからも仲のいい夫婦でいたいと思います。これからも心穏やかに過ごせる日々を願っています。ありがとうございました。（匿名希望）

一月に祖父が他界し、通夜の前日の夜に夢に出てきて、アドバイスをくれた話をしたところ、その言葉に従ったほうがよいと、土御門先生より助言をいただきました。最優先で、祖父からいただいたアドバイスを実行する決断ができました。ほかにも自分はもともと強いパワーを持っている点、マルチな才能にあふれている点、ご先祖さまのパワーが強いことも教えていただき、**もっと自分に自信を持つべきだと感じました。**やることが明確になり、鑑定を受けてよかったです。（Y・Sさん）

Chapter
7

私の記憶に残る「除霊エピソード」ベスト7

対決！　霊との「七番勝負」

私は二〇年以上、全国各地を除霊のために飛び回っています。

日本国内は、北海道から沖縄まで。海外では先日、ロンドンに修道院の除霊に行ってきたところです。

一九歳のときに霊と戦って負けて以来、今のところ、おかげさまで負けたことはありません。

その実績が評価され、ホームページもなく、メールアドレスも公にしていないにもかかわらず、依頼が途絶えることはありませんでした。

現在は、石井貴士先生の会社を通じて、法人・個人ともに、依頼をお受けするようになりましたが、それまでは表に出ない活動ばかりでした。

では今まで、実際にどんな事例があったのか。

きっと知りたい方も多いと思いますので、具体的にどのように私が霊と戦っているのかを、この章ではお伝えしていきます。

①「謎の病」事件

「病院を一〇か所まわって、何十万円も使ったのに、原因がわからないと言われた」という女性が、私のところにいらっしゃいました。

血液検査、CTスキャンもしたけれども、異常が見つからない。先生からは、「気のせいです」と言われる始末です。

高熱にうなされ、起き上がることもできずに、困り果てていました。

思い当たることがあるとしたら、「父が亡くなってから具合が悪い」とのことでした。

因果関係があるとしたら、父親が亡くなったことしか考えられないので、私のところにやってきたのです。

私はひと目で、**成仏できていないお父さんの霊が、彼女に憑いている**ことがわかりました。

お父さんが言いたかったのは、「成仏したいのに、成仏できない。救ってほしい」ということでした。

この世への執着が強かったために、成仏できずに苦しんでいて、娘さんにとり憑くしか方法がなかったのです。

私は霊界と交信をして、「そちらに送ってもいいですか？」とお伺いを立てました。「彼が行くべき霊界があるので、そちらに送ってあげなさい」と言われたので、除霊をし、無事に成仏していただくことができました。

霊によって、それぞれ行くべき霊界は違います。霊をオーダーメードで霊界に送るのが、除霊師の仕事です。

お父さんを行くべき霊界に送ったことで、原因不明の病気で苦しんでいた彼女は、元気になることができたのです。

②「呪いの古井戸」事件

社員から好かれ、努力家だったにもかかわらず、売上が激減した工場の社長さんがいました。

「どう考えてもおかしい。何も悪いことをしていないのに、急に会社が潰れそうになるなんて」と、私のところに来たのです。

社長さんを霊視したところ、**会社の工場の敷地内に、古井戸があるのが見えました。**

「会社の敷地に、古い井戸はありませんか?」と聞いたところ、「いえ。聞いたことがありません」という返事でした。

「古井戸の中に地縛霊がいて、出してくれと訴えているのに、井戸の存在すら忘れられている。だから、不自然なくらいの災いが起きているんです。私を会社に連れて行ってください」とお伝えして、後日、会社に伺いました。

すると、工場の床から不自然な黒い「気」が見えました。

「この床を剥がしてくれませんか?」とお願いして、床を取ってみると、そこには古い井戸があったのです。

三〇体くらいの霊が、井戸の中に閉じ込められていました。

霊の言い分を聞くと、「この会社のために俺たちは尽くしたのに、会社は俺たちに何もしてくれない」とのことでした。

過去に、工場で事故に遭って亡くなった方が、その古井戸に吸い寄せられていたのです。

社長さんは、「そんなことになっているなら、助けてあげてください!」とおっしゃいました。霊界に問い合わせたところ、「彼らはずっと苦しんできたので、こちらに送って大丈夫です」と言われたので、成仏をさせて、霊界に行っていただきました。

その後、一か月も経たないうちに、**会社の業績が急回復し、今でも安定して事業をされています**。

このように、古井戸に霊が吸い寄せられて、地縛霊としてとどまっているケースもあるのです。

③「地神の説得」事件

立地がよいにもかかわらず、まったく売れない土地がありました。

鎌倉にあり、見晴らしもよく、何万坪もある広い土地でした。

会社が倒産して、債務整理をするために、土地が売りに出されたのですが、何年経ってもまったく売れなかったのです。

「いい土地なのに売れないのは、明らかにおかしい。霊の仕業なのではないか」と、倒産した会社の社長さんから、土地を見てくれという依頼がありました。

行ってみると、確かに素晴らしい土地でした。

しかし、「**地神**《ちがみ》」という霊が憑いていて、土地の売買に反対していたのです。

地神は人間の霊ではなく、精霊の一種で、普通の霊魂ではありません。

人間の霊ではないので、説得が大変難しいのです。

「なんとかこの土地を売りたいんだ」と言っても、なかなか聞いてくれません。

精霊は、私のような除霊師の言うことは、人間の言うことなので聞いてくれないのが普通です。

そういう場合は、より位が高い神さまに説得していただくしかありません。

そこで、地神よりも上の位の「地殻神《ちかくしん》」という神さまを呼び出し、「場所を移動してくれないか」と頼んでいただきました。すると、地神は場所を移動してくれたのです。

地神は人間の霊ではないので、成仏させることはできません。別の場所に移動していただくのが、正しい方法です。

移動していただいたおかげで、すぐにその土地は売れました。

除霊師は、相手が人間の霊ではなかったとしても、なんとかしなければいけない職業なのです。

④「ロンドン修道院」事件

ロンドンから除霊の依頼があり、イギリスへと飛びました。

ある修道院で、必ず修道女が自死をする部屋があり、誰も使わないように封印されていました。

そうこうしているうちに、なんと、隣の部屋でも自死が相次ぐ事件があったので、私が呼ばれたのです。

封印しても隣の部屋で事件が起きたら、どの部屋にも住めなくなってしまいます。

まず、最初に封印された部屋に入りました。

原因となる首謀格の霊が一体いて、**その霊がどんどん修道女にとり憑いて、自死に誘導していた**、というのが事件の真相でした。

シスターの格好をしている、首謀格の霊が私に言いました。

「異国の霊能者よ。お前は神を信じているか？」

「当然、信じている」

私はこう答えました。

「ならば聞こう。神はお前に何をしてくれる？」

「あなたはなぜ、神を捨てたのですか？」

私は質問で返しました。

「神は私たちに何もしてくれないからだ」

「神は人間に何かをしてくれる存在ではない。私たちが神を信じるときに、そこに奇跡が生まれるのだ」

「私の部屋で死んだ修道女たちは、神を信じてはいなかった。お前の信仰心も一〇〇パーセントではあるまい」

「私の信仰心を測ることができるのは、神だけだ。だが、一つあなたに言えることがある。私はあなたの清めに失敗してここで死んだとしても悔いはない。私の寿命を決めるのは神だからだ」

こう私が答えると、その瞬間に、上からまばゆい天使が降りてきたのです。

修道女の霊は、信じられないといった表情をして、その天使に天界へと連れて行かれました。

同時に、天からの声がありました。

「信仰心を試された者よ。よくやった」と。

こうして、封印されていた部屋は使えるようになり、修道女の自殺も止まりました。

私の祖母がクリスチャンだったこともあり、私は幼い頃に教会に出入りしていたことがありました。

今思えば、その体験もあったので、私がロンドンに呼ばれたのではないかと考えています。

除霊師の仕事は、日本国内だけにとどまらず、海外でもあるのです。

⑤「呪詛」事件

「占い師のところに行くと、素晴らしい運勢だと言われる。なのに、まったくいいことが起きない。明らかにおかしい」

と言って、私のところに来た三〇代の男性がいました。

「占い師と除霊師の違いは何ですか？」とよく聞かれます。

占い師は、運命を言い当てる人のことを言います。

除霊師は、**運命を言い当てるだけではなく、運勢が悪ければ、なぜ運勢が悪いのかの原因を突き止め、開運させるところまでやります**。

お札を使うこともあれば、呪いを外すことも、私の仕事です。

彼は見た目もイケメンで、仕事の実力もあり、女性からもモテモテでおかしくない方でした。

運勢もどう見ても悪いはずがありません。

なのに、突然足を引っ張られて仕事がなくなったり、閑職に追いやられたりしていたのです。


霊視をしてみると、彼には、悪霊はとり憑いていませんでした。

霊の仕業ではなかったことが判明しました。

その代わり、彼には、三方向から呪い（呪詛《じゅそ》）がかけられていたのです。

彼のことを慕っていた女性が、「他の女性とつき合わないように」「不幸になるように」と、ご丁寧に三つの方位から呪いをかけていたのです。

さすがにそこまでやられては、彼の運勢が悪くなってもおかしくありません。

呪詛返しのお札を二枚（表と裏に、陰の術と陽の術を施したお札）作成し、持ち歩くようにしていただきました。

するとすぐに、彼は閑職から外され、どんどん仕事で抜擢されるようになったのです。

霊が原因ではなく、**呪詛が原因で、何をやってもうまくいかなくなることもあるの**です。

⑥「一霊憑依」事件

憑依《ひょうい》の中でも珍しい、「一霊憑依」というケースがありました。

人間が一つの霊にすっぽり覆《おお》われてしまう状態を、「一霊憑依」と言います。着ぐるみを着てしまったかのように、霊に身体全体が覆われてしまうのです。ずっと明るい性格だったのに、突然、暗くなり、「何もしたくない。誰とも話したくない」という状態になってしまった男性がいました。

「明らかにおかしい。目つきも変わってしまった」ということで、本人から私に直接、相談がありました。

普通は、まわりの人から何とかしてほしいと言われることが多いのですが、このときは「明らかに霊にとり憑かれたせいで、自分の人格が変わった」と本人から連絡があったのです。

実際に会うと、真っ黒なものに身体全体が覆われている状態でした。覆っている霊に話しかけてみると、まったく応答がありません。霊そのものが心を閉ざしていて、私とさえ話をしてくれないのです。霊が話をしてくれないので、霊界に問い合わせをしてみました。するとどんどん廃人にしている凶悪犯の悪霊である。地獄界に引き渡すように」と言われました。

そこで「識神羈縛《しきしんきばく》」という術式で、ロープでぐるぐる巻きにして、地獄の壁を突き破って叩き落とし、二度と人間界に来られないところに霊を送りました。

すると、一分も経たないうちに「ご飯が食べたい！」と明るい表情になりました。

霊と対話ができると言っても、対話をしてくれない、心を閉ざしている霊もいるのです。

その場合は、**霊界から対処法を聞いて、霊術を施して除霊をするのが、除霊師の仕事**なのです。

⑦「句祓《くばら》い」事件

除霊案件の中で、トップクラスの難易度のものがあります。
それが、平安時代前後の天皇家・貴族といった、位が高い方の魂の除霊です。
通常の魂の場合は、言わば「力づくでの除霊」が基本です。
とにかく除霊をすれば、何とかなるわけです。
ですが、天皇家・貴族の方の霊の場合は違います。
位が高いために、除霊師が力づくで説得しても、納得していただけないのです。
高貴な方に対しては、高貴な方法でしか除霊ができないのが、私の経験則です。

高貴な霊が相手の場合に使うのが、「句祓《くばら》い」という方法です。

かつて、西行《さいぎょう》法師が使ったことで知られている方法です。
毒殺された天皇が、成仏できずに玉座に現れて、その場から動かないということがありました。

当時は、天皇ごとに、違う「香《こう》」をつけるという習慣がありました。

新しい天皇に代が替わっても、かつての天皇の「香」が玉座の間《ま》に立ち込めて、香りが消えないという事件があったのです。

そこで、『新古今和歌集』に和歌が収録されている歌人であり、除霊師でもあった西行法師は、玉座の前で和歌を献上することで、毒殺された天皇の魂を成仏させました。


「よしや君 昔の玉の 床とても かからん後は 何にかわせん（お上よ。今の姿で昔の玉座に座っても、今となってはそれが何になるというのでしょうか。いや、何にもならないではありませんか）」


この句を唱えたところ、毒殺された天皇は成仏したということです。

これが「句祓い」です。

位が高い方を説得して、成仏していただくには、和歌を唱えることがもっとも有効です。

いくら説得しても、こちらに教養がないと、「教養がない奴は来るな」と言われて一蹴されてしまいます。

私の過去の例では、「吟じてみよ」と、貴族の霊から言われたことがあります。五分以内に和歌が作れなければ、もう二度と私では成仏させることができなくなるので、こちらとしても必死にならざるをえません。

この**「句祓い」ができる除霊師は、除霊師の中の一〇パーセントもいません**。

突然、「吟じてみよ」と言われて、五分以内に和歌を作れるスキルがあり、なおかつ、平安時代の文化について精通していて、なおかつ霊が見えなければいけない。その条件を同時に満たす除霊師は、実に少ないのです。

九〇パーセントの除霊師は、位が高い霊が出てきた瞬間に、「お前は来るな」と門前払いされます。

そこで、「除霊王の上御門先生しかできない案件だ」ということで、特殊な案件が私のところに回ってくるのです。

徳島県の、ある古い村の末裔《まつえい》の方から、依頼を受けたことがあります。

「我が家は平家筋の天皇家の末裔です。毎年、一族が同じ夢を見るので、きっとご先祖が、何か言いたいことがあるに違いないと考えました。平安時代の高貴なご先祖なので、『除霊王』と呼ばれる土御門先生しかお願いできる方はいません」

その方の家に行ってみると、貴族の格好をした霊が数十体いました。

まず、貴族の霊から「そなたは、どの血筋の者か?」と聞かれました。

「私は、土御門の末裔でございます」

と答えると、

「そなたも貴族の末裔なら(土御門家は天皇家の親戚ではないのですが、貴族の称号をいただいたので、貴族として扱ってもらっています)、**ただの霊力で我々を救うのではなく、高貴な道を用意せよ**」

と言われました。

私は三分くらい考えてから、こう言いました。

「では、帝《みかど》がお救われになった道がございますので、同じ道を用意いたします。歩く必要もなく、牛車《ぎっしゃ》もご用意いたします。その方法でいかがでしょうか?」

すると、「その言《げん》、現してみよ」と言われたので、仏の世界から光る道を降ろしました。
平家は、平清盛《たいらのきよもり》の子孫なので、神ではなく仏の世界との縁が深いからです。仏の世界からの救済でないと、うまくいかない場合が多いです。
そして、即興で句を作りました。

「御仏《みほとけ》の かかる膝元《ひざもと》 とどきにて 露《つゆ》と想いし 足かせを 明けては見える 古里の道（仏さまの救いは今、目の前に現れています。救われないという足かせを自ら捨てて、前を見てください。そこには皆さまのふるさとが見えるはずです）」

即興だったので、五・七・五・七・七にはなっていませんが、完全にご納得いただき、その後、怪現象は一切起こらなくなりました。

除霊師は、相手に応じて、個別に説得するのが仕事です。
神縁なら神さまの道を用意し、仏縁なら仏の道を用意してあげたほうが、成仏される霊にとっても幸せです。

相手が平安時代の高貴な方であれば、「句祓い」という方法を使って納得いただくのが、ベストな方法なのです。

全国から「感動の声」が続々！⑦

二年後に運命を変える人と出会うので、転職するならその時期である。今の仕事は向いていていない。才能あるのはコレとコレとコレ。特にそのうちひとつの才能は計り知れないと、私が好きなことを三つほど、ポンポンポーンと出されました。

実際、転職が視野に入っている時期でした。しかし、具体的にいつ、何を目指すのか。そのために今、何をして準備しなければならないのか。こういったことを明確にしてくれたのは、非常にありがたかったです。視野に入るのと、確信に変わるのとでは、実際に大きく違います。**目の前に、自分が成功できる道を、示していただいた感じです。**

怪しくないのか、疑わなかったのかと言われれば実はそうなのですが、実際お会いして話を聞けば、疑う余地がないなぁというのが、僕の感想です。〇〇に行く、〇〇をやったほうがいいですよ……**僕は土御門先生のアドバイスを、実践しない理由がありませんでしたので、帰りの新幹線の中で即実行しました。**

（匿名希望・岐阜県）

Chapter
8

「Q&A」よく聞かれる質問ベスト10

「除霊師」という職業をしていると、まわりに同じ職業の方がいないこともあり、多くの質問をいただきます。

そこで、この章では、除霊師がよく聞かれる質問ベスト一〇をお伝えいたします。

質問① 「浄霊」と「除霊」はどう違うのですか？

「除霊」と似た言葉で「浄霊」という言葉があります。

除霊とは、霊を相手から引き剥がすことで、浄霊は相手から引き剥がしたあとに、浄化する（清める）意味合いで使われています。


「除霊と浄霊では、霊を清めるのだから、浄霊のほうが格上なのではないか？」

「除霊をするだけでは不親切だ。浄霊をする人のほうが偉いのではないか？」

と勘違いしている人はとても多いです。


「浄霊をしてあげます」「霊を浄化しましょう」と、すべての霊を浄霊しようとしている素人の方が大変多いのですが、「素人にもできる浄霊」はありません。

霊が見えない人が、勝手に「浄化します」と言って、浄霊をしようとしているケースがあるのですが、私は全力で止めています。

霊界には、「霊界法」という法律があります。

浄霊は、天照大神《あまてらすおおみかみ》系列の神さまだけに許可されている特殊な方法で、使用をするためには、霊界に行ってライセンスをとらなければいけません。

もし無許可で、見よう見まねで浄霊をすると、霊界ライセンス違反になり、死後も責任を追求されることになります。

ではなぜ、浄霊が霊界ライセンス違反なのか？

浄霊は、魂を清めて、霊界に送ってあげることだからです。

霊の中には、いい霊もいれば、悪い霊もいます。

いい霊を浄霊して霊界に送ってあげるのであれば、もちろんかまいません。

ですが、浄霊が必要ということは、たいてい何らかの悪さをしている霊です。

人間で考えてみるとわかりやすいのですが、**悪霊を霊界に送ることは、凶悪犯を刑務所ではなく、天国に送っているのと同じ**です。

悪霊は、地獄に叩き落として、二度と人間界にも霊界にも来られないようにするのが霊界法に則《のっと》った除霊師の役目です。

人間が一人ひとり違うのと同じように、霊もそれぞれ違う霊なのです。

善人が苦しんでいるのであれば、助けてあげる。悪人は刑務所に送って、善人がいるところには出現させない。それが当たり前です。

「すべての霊を浄化してあげよう」というのは、「殺人をしても罰せられるどころか、いいことが起きる」「モノを盗んでも天国に行ける」と、悪霊に勘違いさせているのと同じです。

「誰かれかまわず浄霊してあげている」という人がいたら、その人のまわりには悪霊がどんどん寄っています。

霊が見えないのに、「浄霊をします」と言ってお金をいただいている人がいますが、凶悪犯を天国に送って、天国にいる人に大迷惑をかけているということです。

私がこの本を書いているとき、霊界から「最近、勝手に浄霊をしているやつがいる。何とかしてくれ」と頼まれたので、まず本章で最初に書いた次第です。

浄霊というと、一見聞こえはいいですが、やってはいけません。

悪霊を一体、浄霊するごとに、その人は犯罪者としての刑期が三〇年追加されていく、と考えてください。

死後に天国に行けるどころか、犯罪者としてのスタートになるわけです。

いいことをしているつもりで、悪いことをしているのが「浄霊」という行為です。

いい霊は浄霊をして霊界に送り、悪霊は地獄に叩き落とす。

私の場合は、除霊をしたあとに浄霊をするのは、一〇パーセントの霊だけです。

人・モノにとり憑くことじたいが霊界法違反なのですから、とり憑いている九〇パーセントの霊は、悪霊なのです。

霊界に行って霊界からライセンスをもらっていないのに、浄霊をしている人が、残念ながら九八パーセントです（この数字は、霊界からいただいた数字です）。

「浄霊をしている人の中で、二パーセントしかライセンスを持っている人がいない。何とかしてくれ」と霊界から頼まれるので、この本を読んだ方は、決して浄霊という行為はしないでください。

ちなみに、除霊はライセンスがなくてもできます。

塩を使っても、ホワイトセージを使っても、問題ありません。

質問② 「霊能者」と「除霊師」はどう違うのですか？

「霊能者と、除霊師はどう違うのですか？」と聞かれることも、とても多いです。

これは、カテゴリ分けを勘違いしていることから起こります。

「動物と人間はどう違うんですか」という質問に似ています。

動物の中に、人間もゴリラもライオンも入っているのが正解です。

大カテゴリ、中カテゴリ、小カテゴリがごっちゃになっていると、こういう質問が出てきてしまうのです。

霊能者という大カテゴリの中に、小カテゴリとして、除霊師もイタコもユタもシャーマンも呪術師もいると考えていただけたら、わかりやすいです。

イタコは霊を自分の身に宿すことができますが、除霊とは関係ありません。

イタコは女性が九割以上で、除霊師は男性が九割以上です。

では、霊媒師と霊能者はどう違うかというと、霊媒師は一度自分の身体に霊を宿してから、問題を解決します。

除霊師は、**自分に霊を降ろすのではなく、対話と霊術で解決します**。

霊能者の中には、除霊ができない人もいますし、降霊術ができない人もいます。

霊能者という大カテゴリがあり、その小カテゴリの一つとして、除霊師がいると考えてください。

質問③ 「占い師」と「除霊師」はどう違うんですか？

わかりやすく言えば、占い師と除霊師の違いは、メッセンジャーと施工者の違いです。

占い師は、未来を言い当てて相手に伝える、メッセンジャーとしての仕事がメインです。

「あなたは来年の運勢が悪いので、私が好転させておきますね」というのは、専門外です。

除霊師は、施工者です。

「運気が悪いのは、こういう霊が憑いているからです。除霊をして祓いますね」

「あなたに呪いをかけている人がいるので、呪いを外す術をしますね」

それが除霊師です。

除霊師は全員、霊視占い（霊視リーディング）ができるのかというと、それも違います。

「霊は見えて、除霊はできるけれども、個人鑑定はできない」という除霊師も多いのです。

私も最初は、個人鑑定はしていませんでした。

霊との格闘をするのが除霊師の仕事だと思っていたからです。

ですが、霊が見えるのであれば霊視をしてほしい、占ってほしいとの依頼が多かったので、お役に立てればと思い、除霊鑑定を始めたのが実際のところです。

占い師と除霊師、似ているところは、スキルが多ければ多いほど相手を救えるところです。

占い師は、東洋占星術、西洋占星術、手相占いなどのスキルがあります。

タロットと手相ができて、四柱推命もできるとなれば、「スキルが多い占い師」になり、多くの問題が解決できるようになります。

除霊師も、**「句祓い」「呪詛返し」「霊界送り」「地獄送り」「精霊取引」「霊界法処罰」**といった多くのスキルを持っていればいるほど、さまざまな種類の霊を救えるわけです。

質問④ 「霊視」と「透視」は違うのですか？

霊視ができるというと、「透視もできるんですか？」と聞かれることがあります。

ポーカーで、相手のカードを相手の守護霊から教えてもらえるのであれば、カジノでも負けなしになります。

「霊視ができるのであれば、透視もできるはずだ。麻雀《マージャン》をしながら、相手の守護霊から当たり牌《はい》を聞き出せるはずだ」という人もいます。

実際に私も、ポーカーと麻雀で試したことがあります。

しかし、その際の守護霊の反応は「無視」です。

「黙《もく》」という言葉を私に投げてきたこともあります。

というのも、守護霊はその人の味方であって、私の味方ではないからです。

その人の利益になるように守護する存在なので、私の味方はしてくれないのは当然です。

なので除霊師は、**ポーカーで有利でもなければ、麻雀で有利でもありません**。

ですが、株式投資やFXに関しては、有利に働きます。

「対個人」のギャンブルでは意味がありませんが、「対チャート」「対個別銘柄」であれば、霊視は可能です。

上がる、下がる、買え、売れ、といったメッセージは降りてきます。

面白いことに、株は男性が勝ちやすく、FXは女性が勝ちやすい特徴があります。

「FXで一億円以上を稼いだ！」というのは女性が多いです。

FXで稼いだ女性のことを「ミセス・ワタナベ」と言いますが、FXは女性の勘が的中するのです。

株の場合は、ウォーレン・バフェット、ジム・ロジャーズのように男性が勝つ傾向が強いと言えます。

「霊視で透視」はできませんが、「霊視で投資」は可能なのです。

質問⑤ 訓練すれば霊は見えるようになりますか？

「私も霊が見えるようになりたいです。どうしたら霊が見えるようになりますか？」と聞かれることも多いです。

「残念ながら、**生まれつきの血筋によって、霊が見えるかどうかが決まる**ので、あきらめてください」と、お答えしています。

二〇歳までに霊が見えたら、その後ずっと見続けるようになる可能性はあります。ですが、二〇歳を超えたら、あきらめたほうが身のためです。

修行方法はあるにはありますが、つらい人生が待っているだけなので公開できません。しかも、修行をしても、見えるようにならない人のほうが多いです。

また、「霊は本当のことしか言わない」と思っている人が多いのですが、違います。

「霊は嘘つきだ」というのが、正解です。

守護霊は嘘をつきません。あなたの味方だからです。

ですが、**「私は守護霊だ」と嘘を言って近づいてくる霊は、ものすごく多い**のです。

自称・守護霊の言うことは、嘘ばかりだとあらかじめ知っておく必要があります。

「私は霊からこう言われた。霊が言っていることは正しいに違いない」と考えるのは、早計です。その霊が本物かどうか、見抜く必要があるのです。

そのため霊が見えるだけでは、本物の除霊師とは言えません。「見る、聞く、話す」の三点セットのスキルがあって、なおかつ除霊の技を多く持っていて、初めて本物の除霊師と言えます。

「あなたに霊が憑いています。追い払えませんけど」では、意味がありません。

霊が見えるだけではなく、霊と対話することまでできて、初めて意味があるのです。

質問⑥　金縛りは霊が原因ですか？

「金縛りが起きたんです！」と私のところに相談に来る人がいます。

金縛りの原因は、二つあります。

①霊が身体を縛り上げている（霊が原因）
②金縛りにあった夢を見ている（霊ではない）

可能性としては、五〇パーセント五〇パーセントが、私の経験則です。

霊が原因ではない場合は、私にはどうしようもありません。

除霊鑑定にいらしたときに、霊視をして調べるのですが、「霊が原因ではなく、夢ですね」と言うと、皆さん、がっかりされます（霊が原因ではないので、本来は喜ぶべきことなのですが）。

霊が原因の場合、金縛りに一定の法則があります。

同じ曜日、同じ時間、同じ月の満ち欠けの日に金縛りが起こるなどの法則性があれば、霊が原因と考えてください。

その家にとり憑いている場合もありますし、その人にとり憑いている場合もあります。

家に憑いている場合は、引っ越せば金縛りはなくなります。

人に憑いている場合は、出張に行っても、海外旅行に行っても、金縛りが起きます。

それだけ強い霊なので、塩や煙を使ったセルフ除霊では、一割くらいしか除霊できません。

神社に行くと、五割は除霊できます。

それでも金縛りが治らないときに、除霊師の出番がやってくるのです。

質問⑦　前世は本当にあるんですか？

「私の前世はマリー・アントワネットなの」と言う女性は、多いと聞きます。

自分の前世が有名人だと思っている人は、人間界だけでなく、霊界にも多いです。

大学の研究者からの依頼で、フランスに出張に行ったことがありました。

「ナポレオンの霊魂の所在が知りたい。ナポレオンの歴史の研究をしていて、本当の事実をナポレオンから直接聞きたいので、ナポレオンを呼び出してくれ」と頼まれたのです。

そこで、ナポレオンを呼び出したところ、なんと五〇〇〇体ものナポレオンの霊がやって来ました。しかも、その中に本物は一人もいなかったのです。

結局、**本物のナポレオンの霊は、亡くなった地であるセントヘレナ島から離れられずに、地縛状態でいました**。

その地縛状態を解いたのが私です。

こう言うと、「ナポレオンを成仏させてあげたのですか？」と聞かれますが、地縛状態を解いただけで、成仏させてはいません。

霊界にも送っていません。

本人の希望で「この世に滞留することを望む」と言われたので、そのままの状態にしました（研究者の方は、ナポレオンと話すことができ、知りたかった情報を本人から聞くことができて、とても喜んでいました）。

また、お金持ちの歴史マニアの方から、「お金を払うから、織田信長《おだのぶなが》の霊を呼び出してくれ」と言われて、呼び出したこともあります。

すると、三千体の織田信長が集まり、すべてにせものだったこともあります。

前世が有名人であると主張する人の多くは、有名人を騙《かた》ったにせものの霊が憑いて

いることが多いのです。

質問⑧　呪いをかけたらどうなるのですか？

「本当に憎い人がいて、毎日頭から離れません。呪いをかけてくれませんか？」と、頼まれることがあります。

呪いを跳ね返す「呪詛返し」はしますが、私が呪いをかけることはしません。

なぜなら、**霊界法で「正道反射《せいどうはんしゃ》」と言われるルールがあるから**です。

「正道反射」とは、良心に照らし合わせて、一〇〇パーセント自分が正しく、かつ霊界の神も認めているとき以外は、呪いは跳ね返され、呪った人に返ってくるというルールです。

「呪いは、誰に対してでもかけるべきではない」という正論を言いたいところですが、霊界法では、「自分も霊界の神も、相手を一〇〇パーセント呪っていいという許可を出したときには、呪いをかけてもいい」とされています。

とはいえ、九九パーセントの場合、「呪いをかけるべきではない」という結論が霊

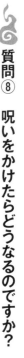

界から下されます。

「土御門先生は、呪いをかけたことはあるのですか？」と聞かれるのですが、私は呪いをかけたことはありません。

というのも、許可を出してよいほどの悪い人がいたことはあったのですが、霊界に問い合わせたところ、「確かにその男に対しては、霊界は呪いをかけることを許可する。だがお前は人を救うべき人間なのだから、呪いをかけてはならない」と止められたのです。

結局、現在に至るまで、一度も呪いをかけたことはありません。

呪おうとした相手が、神に守られていた場合は、**送った呪詛の五〇〇万倍のエネルギーが、呪った人に返ってくる**と霊界法で定められています。

なので、呪った術者が突然亡くなるのは、よくある話です。

「呪いを依頼した人に呪いが返ってくる」と思っている人がいますが、違います。

依頼人ではなく、呪いの術を発動した人に、呪いのエネルギーは返ってくるのです。

また、呪う相手の守護霊の位が、呪いをかける術者よりも高かった場合は、三〇〇

〜四万倍の呪いのエネルギーが返ってきます。

十分に致死量に達するエネルギーだと言われています。

・神さまに守られている人に呪いをかける……五〇〇万倍返し
・守護霊の位が、術者よりも高い人に呪いをかける……三〇〇〜四万倍返し

これが霊界法のルールです。

呪いをかけたい人の九九パーセントは、自分が間違っているのに呪いをかけようとしていたり、単なる嫉妬心だったりというケースなので、呪いをかけようとするのはやめたほうが身のためです。

「そうか。自分ではなく、呪いをかけた人に呪いのエネルギーは返ってくるんだな。なら、別にいいや！」と考えるひどい人もいるかもしれません。

ですが、その場合は、「相手を呪詛の道に巻き込んだので、殺人者と同等の罪」として霊界法で裁かれます。

呪った術者に災いが降りかかるのとは別に、別の方角から、**人生の絶頂期（会社が**

成功する直前、結婚の直前など）に、天誅《てんちゅう》が下されます。

「人を呪わば穴二つ」と言われますが、その通りなのです。

質問⑨　除霊師にはどうすればなれますか？

「土御門先生、弟子にしてください！」という方が、たまにいます。

ですが、私の審査基準と、霊界の審査基準に照らし合わせてOKが出ないと弟子にはできません。結局、今までの人生で、一人も弟子はいませんでした。

私個人の条件は、

①**私よりも若い**
②**あの世に行って帰ってきたことがある**
③**自分の良心に従って行動することができる**

この三つです。

いつか現れてほしいと願っているのですが、この三つの条件を満たしたことがある人さえいません。

「霊は見えますか?」「はい、見えます」という人はいたのですが、「では、今ここにいる霊は、何色の服を着ていますか? 何時代の人ですか?」と聞くと、誰も答えられなかったのです(申し訳ありませんが、霊界の審査基準は公開できません)。

除霊師になるには、まず血筋が一番で、誰に習わなくとも霊と対話できる力があること。そのうえで、**神とつながっている師匠を見つけて、弟子入りする必要があります**。

「神とつながっている」という条件に見合う人を見つけるのも、困難を極めます。

除霊師になるのは狭き門なのです。

質問⑩　除霊鑑定では、何をしてもらえるのですか?

「除霊鑑定をしています」と言うと、「何をしてもらえるのですか?」とよく聞かれます。

ひと言でいえば、**「あなたの人生で一番の不幸のもとになっている悪霊を見つけ出し、それをとり除く」**ことをしています。

あなたを不幸にしている、ボウリングで言うところの「センターピン」を見つけて、除霊をするのです。

「恋人ができない。結婚ができない」という女性や、「業績が悪くなった」という会社の社長さん、「仕事がうまくいっていない」という会社員の方に対して、問題を引き起こしている原因の霊を除霊するのです。

それだけで、運気がガラリと変わることがあります。

もちろん、悪霊が憑いていない場合もありますが、そのときは、「ご自身の努力が足りません」と言うしかありません（そう言われると、皆さんがっかりされるのですが……）。

不幸のもとが呪詛の場合は、誰が呪いをかけているのかを霊視します。

呪詛返しは、かなりの労力がかかりますので、さすがに別途料金をいただいてはおりますが、除霊に関しては鑑定料に含んでいます。

「どういう人が除霊鑑定を受けにくるのですか?」とも聞かれますが、**「努力をしているのに結果が出ない」という方が六〇パーセント**です。

「そもそも怠け者なんです」という人は来ません。

「もう少しで結果が出そうなのに、あとひと押しがほしい」という方が三〇パーセント、あとの一〇パーセントは、「原因がわからないが、何をしてもうまくいかないので困っている」という方です。

除霊は、後ろ向きな方の手助けをするためにあるのではなく、前向きなあなたのために行なうものなのです。

全国から「感動の声」が続々！ ⑧

土御門先生の除霊鑑定を受けました。さっそく、鑑定が始まってすぐに、守護霊を教えていただきました。また、除霊していただいたこともありがたかったです。凶悪な霊は憑《つ》いてなかったようです。**父がまだ成仏しておらず、その場で成仏させていただいたことは、感謝してもしきれません。**土御門先生、時間いっぱいお話しくださりありがとうございました。

（K・Oさん）

あとがき

あなたを救うのは、あなた自身だ

この本を手に取ったのは、あなたです。

最後まで読んでいただいたのも、あなたです。

私は霊界のことを伝えたり、除霊をしたりすることはできますが、**幸せになるのは、あなた自身です**。

「何もせずに、家でじっとしていよう。何かいいことが起きないかな」と待っているだけでは、何も起きません。

霊が憑いていても、霊が憑いていなくても、行動なくして成功はありません。

人生は、あなたの努力次第で、いかようにも変えられるのです。

除霊師は、人をだますために存在しているのではありません。

除霊師は、**あなたが何かを頑張ろうとするときの、サポート役**として存在しています。

土御門家は、先祖代々、日本という国がよくなるために、天皇家をサポートする役目を担っていました。

そこで今度は、あなたの人生をサポートしようと決意して、この本を書きました。

この本を通じて、あなたの人生がよくなるための手助けが少しでもできていたら、著者としてこれほどうれしいことはありません。

この本が、多くの人の光となり、心の支えとなっていただくことを願っています。

二〇一八年一一月

除霊王　土御門令月同

土御門 令月同（つちみかど・れつどう）

1967年、北海道札幌市生まれ。人間の言葉を覚える前の、0歳のときから霊や神霊と話す。霊能者歴は33年で、デパート・地場の除霊を行う一方で、対面鑑定も希望者に行っている。口コミだけでリピーターが絶えず、ホームページも持たないまま、33年間活動する。作家・石井貴士氏から強く説得され、初めて「除霊鑑定」を一般公開することを決意。同時に、霊に関する正しい知識を広めるための著作・講演活動もスタートした。本書が初の著作となる。

土御門令月同 公式サイト
http://www.kokorocinderella.com/jorei

石井 貴士（いしい・たかし）

1973年、愛知県名古屋市生まれ。私立海城高校卒。独自の勉強法で代々木ゼミナール模試全国1位、Z会慶応大学模試全国1位を獲得し、慶應義塾大学経済学部に合格。1997年、信越放送アナウンス部入社。2003年、（株）ココロ・シンデレラを起業。『本当に頭がよくなる 1分間勉強法』（中経出版）は57万部を突破し、年間ベストセラー1位（2009年ビジネス書 日販調べ）を獲得した。『1分間英文法600』（水王舎）、『やってはいけない勉強法』（きずな出版）など50冊以上の著書があり、その累計は200万部を突破した。占い、スピリチュアルの分野にも造詣が深い。

石井貴士 公式サイト
https://www.kokorocinderella.com/

ブックデザイン　中西啓一（panix）
写　　　　真　臼井久雄（札幌コマーシャルフォト）
編 集 協 力　石井晶穂

除霊王《じょれいおう》

発　行　日　2018年12月21日　初版第1刷発行

著　　　者　土御門令月同《つちみかどれつどう》
　　　　　　石井貴士《いしいたかし》
発　行　者　岩野裕一
発　行　所　株式会社実業之日本社
　　　　　　〒107-0062
　　　　　　東京都港区南青山5-4-30
　　　　　　CoSTUME NATIONAL Aoyama Complex 2F
　　　　　　電話　03-6809-0452（編集部）
　　　　　　　　　03-6809-0495（販売部）
　　　　　　URL：http://www.j-n.co.jp/
印刷・製本　大日本印刷株式会社

ISBN978-4-408-33838-5（編集本部）

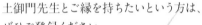

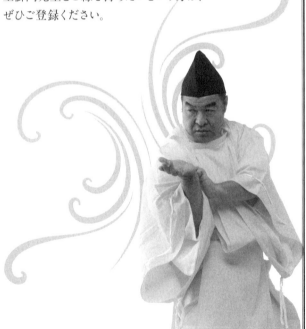